KB045738

스타벅스,
공간을 팝니다

주 홍 식 지 음

1조 원 매출 신화,
스타벅스커피 코리아의 공간 혁명

하워드 슐츠와의 첫 만남

2011년 4월 28일 저녁 8시 무렵, 어둠이 내린 여의도의 도로를 스타크래프트 밴 한 대가 쏜살같이 내달리고 있었다. 나는 떨리는 마음을 진정시키려고 두 손을 꼭 쥐어보았지만 심장은 계속해서 더 큰 움직임을 만들어냈다. 같은 차에는 스타벅스 설립자 겸 CEO인 하워드 슐츠Howard Schultz가 타고 있었다. 그와의 첫 만남은 그렇게 이루어졌다.

하워드 슐츠는 1박 2일 일정으로 한국을 방문했다. 스타벅스 창립 40주년을 축하하고, 두 번째 자서전《온워드Onward》출판을 기념해 세계 주요 도시를 순회하며 스타벅스의 재도약을 추진하려는 목적이었다. 사인회, 스타벅스 오픈 포럼, 대학교 강연 등 꼭 짜인 일정 가운데 하이라이트는 덕수궁 정관헌靜觀軒에서 열린 기자 간담회였다. 이 자리에서 하워드 슐츠는 한국 스타벅스 점포 수를 5년 이내에 2배 이상 늘린 700개 규모로 확장하겠다는 중장기 한국 시장 전략을 발표했다. '고요하게靜 바라보는觀'이라는 의미의 정관헌은 1900년대 초 덕수궁 안에 세워진 건축물로, 고종 황제가 휴식을 하거나 외교 사절단을 맞이하던 곳이었다. 이런 역사적인 곳에서 스타벅스 CEO는 공격적인 한국 시장 투자 확대 계획을 알린 것이다.

밴은 어느새 김포공항에 도착했다. 그는 악수를 청하며 덕담을 건넸다.

"고맙습니다. 수고하셨습니다. 어제와 오늘, 한국 파트너의 뜨거운 열정을 느낄 수 있었습니다. 잘 부탁합니다."

"고맙습니다. 우리는 잘할 수 있습니다. 안녕히 가십시오."

입사한 지 채 석 달이 되지 않았지만, 나의 눈에 비친 그의 모습은 내가 이곳에서 무엇을 해야 하는지 명확하게 알려주었다.

하워드 슐츠, 커피의 신화를 쓰다

스타벅스는 1971년 커피 애호가였던 샌프란시스코대학교 동창생 3명이 시애틀에 있는 전통 시장, 파이크 플레이스 마켓Pike Place

Market에 오픈한 작은 아라비카 원두 판매점에서 시작되었다. 셋은 소설 《모비딕》에 등장하는 커피를 사랑한 일등항해사 '스타벅'의 이름에서 영감을 얻어 '스타벅스'라는 회사명을 만들었고, 바다의 신인 '세이렌Siren'를 형상화해 로고를 디자인했다. 매장을 오픈하자마자 아라비카 원두 판매가 급증하면서 초기 사업에 성공한 스타벅스는 재배업자에게 직접 원두를 구매하고 로스팅 공장을 인수하면서 1981년까지 꾸준히 성장했다.

1982년, 하워드 슐츠가 마케팅 담당자로 합류하면서 스타벅스는 전환점을 맞는다. 이듬해 하워드는 이탈리아 밀라노로 출장을 갔다가 길가에 있는 에스프레소 바에서 스팀 밀크와 에스프레소가 어우러진 커피를 마시며 편안하게 쉬는 사람들의 모습을 보게 된다. 여기에서 아이디어를 얻은 그는 에스프레소 바를 직접 운영하자고 회사에 건의했지만 경영진들은 별다른 필요성을 느끼지 못했다. 그는 스타벅스를 떠나 1985년, 에스프레소 바 '일 지오날레il Giornale, 이탈리아어로 '매일'이라는 뜻'를 설립하고 시카고에 첫 매장을 오픈했다.

에스프레소 바에서 만든 커피는 하워드의 직감대로 고객의 뜨거운 반응을 불러일으켰다. 자신감이 생긴 그는 시애틀과 캐나다 밴쿠버에 잇달아 매장을 오픈했다. 하워드는 경영 수완을 유감없이 발휘해 매장 인테리어, 음악, 파트너 교육, 복장, 커피 품질, 디자인에 이르기까지 매장 전 분야에 걸쳐 과감한 투자를 아끼지 않았다. 일 지오날레는 급속도로 성장했고, 설립 3년 만에 자신이 마케팅 담당자였던 스타벅스를 인수하기에 이른다. 하워드는 자신의 생각을 믿었고, 그 믿음이 결실을 맺은 것이다.

이후 스타벅스는 미국 전역에 165개의 매장을 소유한 커피 프랜차이즈로 성장했고, 1992년에는 나스닥에 주식을 상장했다. 1993년에는 로스팅 공장을 설립했고, 1994년에는 매장 수가 400개를, 1995년에는 1,000개를 돌파했다. 같은 해에는 스타벅스 최고의 히트 음료인 프라푸치노가 개발되었다. 1998년에는 영국의 로컬 커피 매장을 인수해 유럽 진출을 시도했으며, 1999년에는 한국, 중국, 쿠웨이트 등 아시아로 세력을 확장했다.

2000년 초 하워드 슐츠는 오린 스미스Orin Smith, 부회장 겸 CFO에게 CEO 자리를 물려주고 글로벌 시장 확대에만 전념했다. 2002년에는 전 세계 매장 수를 5,000개로 확대했으며, 바하마, 아일랜드, 요르단, 네덜란드, 루마니아, 러시아에도 진출했다. 2005년에는 오린 스미스의 뒤를 이어 짐 도널드Jim Donald, 현 스타벅스 북미 지역 사장가 CEO로 임명되면서 2년 만에 매장 수가 1만 5,000개까지 늘어났다.

그러나 위기는 성공에서 찾아왔다. 매장의 양적 확대에 치중한 나머지 고객 친화적 부분을 소홀히 하면서 스타벅스의 매출과 주가가 급락했다. 하워드 슐츠는 2008년 1월, '온워드Onward'를 내세우며 CEO 복귀를 전격 선언했다. 창업 당시의 초심으로 돌아가 고객 존중, 고품질 커피 음료 개발, 편안한 매장 공간을 회복하고자 노력했다. 미국 내 600여 개의 매장을 폐쇄하고 550명의 직원을 해고했으며, 일시에 매장 문을 닫고 파트너 교육을 실시하기도 했다. 이런 노력으로 2008년 전 세계에 불어닥친 불황에도 스타벅스는 건실한 실적을 유지할 수 있었다.

이후 인스턴트커피인 비아VIA와 충전식 카드를 출시하고, 로열티 프로그램을 도입해 고객과의 소통을 강화해 나갔다. 성공적으로 복귀한 하워드는 이후 글로벌 시장 확대를 위해 전 세계 거점 도시를 직접 순회하면서 온워드를 전파했다. 그리고 2011년, 하워드 슐츠는 한국을 방문해 5년 이내에 한국 스타벅스 매장 수를 2배로 늘리겠다고 선언했다. 드디어 온워드가 한국에도 상륙한 것이다.

1천 개의 매장, 1만 명의 파트너, 2억 잔의 커피 그리고 1조 원의 매출

스타벅스커피 코리아는 1997년 스타벅스커피 인터내셔널과 (주)신세계 간의 라이선스 계약이 체결된 후, 1999년 이화여자대학교 앞에 1호점을 오픈하면서 국내 고객에게 첫선을 보였다. 18년이 지난 지금은 1,000개가 넘는 매장을 운영하고 있으며, 여기에 1만 명이 넘는 파트너가 근무하고 있다. 한국 사회에 이익의 일부를 환원하는 사회 공헌 활동에도 앞장서고 있는 스타벅스는 이제 낯선 외국계 브랜드가 아닌, 주변 어디를 둘러보아도 쉽게 만날 수 있는 편안한 이웃이자 다정한 친구로 자리 잡았다.

스타벅스의 성과는 매출과 수익에서도 나타난다. 2016년 말, 스타벅스커피 코리아는 서비스업 최초로 연간 매출 1조 원을 달성했다. 현재까지 한국에 진출한 외국계 기업은 직접 지사와 합작 기업, 연락사무소를 합쳐 약 1만 6,000개가 넘는다. 이 가운데 연간 매출이 1조 원을 넘는 회사는 30여 개 안팎, 상위 0.2%에 불과하다. 과연 어떤 회사들일까? 한국지엠, 소니코리아, 한국바스프, 한국아이비엠, SC제일은행, 한국쓰리엠, 메르세데스 벤츠 코리아, 볼보자동차코리아, 한국씨티은행, 홈플러스, 비엠더블유코리아(주), 아우디폭스바겐코리아와 같이 주로 자동차 제조 및 판매, 화학과 같은 중공업 분야 또는 금융 및 시스템 구축 계열 회사들이다. 이 외국계 '1조 원 클럽'에 스타벅스커피 코리아가 이름을 올렸다.

벤츠 1대 가격이 1억 원이라고 가정하면, 메르세데스 벤츠 코리아는 약 1만 대의 벤츠를 팔면 1조 원의 매출을 올릴 수 있다. 하지만 스타벅스는 대략 2억 잔의 커피를 팔아야 농일한 1조 원 매출을 달성할 수 있다.

게다가 커피 시장에는 해외 브랜드는 물론 수십 개의 대기업 프랜차이즈와 무수한 중소 브랜드가 경쟁하고 있고, 저가로 승부하는 카페에 편의점까지 가세하고 있다. 그럼에도 고객들은 여전히 스타벅스를 찾는다. 스타벅스에는 하루 평균 50만 명 이상, 연간 약 1억 8,000명의 고객이 방문한다. 성인 기준으로 나누면 최소 1인당 5번 정도 스타벅스를 찾는다고 볼 수 있다.

매장을 유치하려는 경쟁도 치열하다. "우리 동네에는 언제 스타벅스가 들어오나요?", "우리 건물에 스타벅스 매장을 입점하고 싶은데 어떻게 하면 되죠?"라는 문의가 하루에도 수십 통씩 스타벅스 지원 센터로 들어온다. 레드오션인 커피 시장에서 한국 고객들은 왜 스타벅스를 찾을까? 그리고 스타벅스커피 코리아는 어떻게 그 짧은 기간에 1조 원 매출 신화를 달성할 수 있었을까?

미션 800에서 미션 1,000으로

온워드 선언 후 스타벅스커피 코리아 지원 센터는 그 어느 때보다도 바빠졌다. 1999년 1호점 오픈 이래 스타벅스는 전국으로 매장을 확장하면서 2010년까지 327개의 매장을 오픈했다. 그러나 온워드가 시작되면서 과거 10년 동안의 매장 오픈 속도보다 4배 빠르게, 연평균 100개 이상의 매장을 오픈해야 했다. 이를 위해 전 파트너가 참여하는 오픈 포럼을 개최했고, 그 결과를 기반으로 온워드 시행 전략인 '미션Mission 800'이 수립되었다. 하워드 슐츠의 발표에 100개를 추가한 공격적인 계획이었다. 여기에는 매장 오픈 전략뿐만 아니라 인력 육성, 상품 개발, 마케팅, 구매 물류, 파트너 서비스, 고객과의 소통 등 경영 활동 전반에서의 혁신 안이 포함되어 있었다. 그러는 사이 연말이 돌아왔다.

여기서 잠깐 스타벅스커피 코리아의 회식 문화를 소개해야겠다. 이 회사는 음주 회식 문화가 없는 대신 머그잔에 커피를 담아 건배 제의를 한다. 스타벅스커피 코리아에는 술집에서 결제된 법인카드 영수증이 단 1장도 없다. 정기 세무감사를 나온 감사 공무원조차 "무슨 회사가 술집 영수증이 없어요? 말이 됩니까?"라며 믿지 못하다가, 감사가 끝날 무렵에는 "참 대단한 회사입니다"라고 했을 정도다.

그래도 딱 한 번 예외는 있다. 연말 실적을 마무리하는 송년 회식에서는 와인 12병이 따로 준비되어 1명당 2잔씩 돌아간다. 이 자리에서는 팀장들이 순서대로 차기 연도 목표 달성을 위한 건배 제의를 한다. 각자 독특한 건배사를 준비해 분위기를 돋우는데, 주로 '매출 달성을 위하여', '파트너의 시비스 역량 향상을 위하여'와 같은 건배사다. 그날도 한창 건배 제의가 무르익어 이제 몇 명 남지 않은 상황이었다. 매장 오픈을 전담하고 있는 개발 팀장의 건배 순서가 돌아왔다. 그는 잔을 들더니 이렇게 건배 제의를 했다.

"미션 1,000을 위하여!"

"어어? 미션 1,000이라니?"

갑자기 찬물을 끼얹은 듯 침묵이 흘렀다. 그때,

"100개씩 오픈하나, 130개씩 오픈하나 그게 그거 아닙니까? 합시다!"

개발 2팀장으로 발탁된 열정 넘치는 브레드 팀장이 거들었다.

"합시다! 할 수 있습니다!"

'미션 800'이 '미션 1,000'으로 탈바꿈하는 순간이었다. 우리는 미션 1,000 추진을 위해 향후 5년간 매장 오픈 수, 매출액, 판매 및 관리비, 인건비, 임차료 등 경영 전반에 걸친 목표를 모두 수정했다.

6년이 흐른 지금, 우리는 미션 1,000을 초과 달성했다. 2010년에는 매출 2,415억 원에 매장 수 327개였지만, 지금은 1조 원이 넘는 매출에 1,000개가 넘는 매장을 오픈했고, 파트너도 1만 명을 넘기는 신화를 달성했다. 질적 지표도 훌륭했다. 매장당 평균 매출액은 7억 4,000만 원에서 10억 원으로 26% 증가했다. 매장당 1일 평균 매출액은 202만 원에서 274만 원으로, 1일 매장 방문 고객 수는 평균 300명에서 450명으로 늘어났다.

이런 성장은 매장 오픈에서 고객 서비스 향상까지 경영 전 분야에 걸쳐 하워드 슐츠가 선언한 '온워드'를 철저하게 실행한 결과였다. 언제나 고객을 최우선에 두었고, 모든 업무는 모바일화·시스템화했다. 우리는 1만 명의 파트너를 최고의 인재로 육성했다. 2011년에 100여 명 규모였던 지원 센터의 파트너 수는 지금도 채 200명이 되지 않는다. 소위 일류대, 아이비리그 출신은 단 한 명도 없지만 우리는 최고의 경영 성과를 달성할 수 있었다. 스타벅스커피 코리아의 혁신은 본사의 브랜드 파워에 올라타 적당히 만들어진 것이 아닌, 모든 파트너의 땀과 노력의 결정체였다.

누구나 스타벅스처럼 혁신할 수 있다

이 책을 쓰기로 마음먹은 것은 서강대학교에서 MBA 과정을 밟던 때였다. 당시 수업의 대부분은 기업의 성공과 실패 원인을 분석하고, 개선 전략을 수립하는 방식으로 진행되었다. 이때 빠지지 않고 등장한 성공 사례가 스타벅스의 마케팅이었다. 그런데 학위를 받고 스타벅스에 합류해 보니, 학교 수업에서 사용하는 자료들이 실제 최신 마케팅 사례를 담아내지 못하고 있었다. 그때부터 책을 써볼까 하는 마음이 들기 시작했지만, '회사의 오너도 아닌 사람이 회사에 대한 책을 써도 될까?' 하는 생각에 감히 실행에는 옮기지 못했다.

이런 내게 용기를 준 것은 구글 최고인적자원책임자이자 인사담당 수석 부사장인 라즐로 복Laszlo Bock이 쓴 《구글의 아침은 자유가 시작된다》라는 책이었다. 전 세계 5만 명이 넘는 직원을 거느린 세계 최대의 인터넷 기업 구글의 채용부터 조직 문화까지 상세하게 소개한 이 책을 읽고, 어렴풋이 '책을 쓰자'에 머물러 있던 나의 꿈은 '이런 책을 쓰자'는 구체적인 계획으로 발전했다.

이 책은 스타벅스 인사책임자로서 지난 6년 동안 직접 경험한 나의 이야기와 간접 경험한 스타벅스의 혁신 사례를 소개하고 있다. 스타벅스가 어떻게 매장을 오픈하고 확장해 왔는지, 기업 마케팅 사례를 다룰 때 약방에 감초처럼 등장하는 스타벅스 마케팅은 어떻게 이루어지는지를 소개한다. 남녀노소 모두가 스마트폰이 없으면 하루도 못 사는 시대에 모바일화라는 혁신을 이룬 사례, 글로벌 스타벅스에서 개발된 커피 음료와 상품을 한국 고객의 입맛에 딱 맞게 재탄생시킨 과정, 수십 명의 고객이 한꺼번에 매장을 방문해도 순식간에 고품질의 음료를 제조해 내는 파트너들의 역량과 서비스의 비밀도 공개한다.

여러분이 이 책을 통해 스타벅스의 혁신 활동을 이해하고, 자신의 일이나 경영에 필요한 부분이 있다면 벤치마킹하기를 바란다. 우리가 일과 경영의 혁신으로 더욱 나은 성과를 얻는다면, 고용과 사회 공헌을 통해 국가 발전에 기여하는 선순환이 이루어질 것이다. 스타벅스커피 코리아의 성공 사례가 경영을 공부하는 학생, 개인 사업자, 경영자, 직장인의 학습 자료가 된다면, 그래서 제2의 스타벅스가 탄생하고, 점점 어려워지는 한국 경제와 기업이 혁신을 통해 다시 살아나는 데 작은 기여라도 할 수 있다면 더 바랄 나위가 없을 것이다. 아울러, 다른 성공적인 기업의 직원들이 회사의 경영 사례를 책으로 출간하는 자극제가 될 수 있기를 바란다.

'인사人事가 만사萬事라고 한다. 인사가 만사의 시작始作이란 의미다. 인사는 기업 경영의 기본이다. 저자는 경영으로서 인사를 실행하고, 경험과 성과를 이룬 전문가의 혜안으로 그 요체를 간결하게 담아냈다. 사람의 성장이 미래를 여는 열쇠라는 해답을 엿볼 수 있도록 일독을 권한다.

■ 이근면(초대 인사혁신처장, 전 삼성전자 인사총괄 전무 / 《대한민국에 인사는 없다》 저자)

'커피' 하면 가장 먼저 떠오르는 대표 브랜드, 스타벅스. 그토록 많은 사람들의 사랑을 받는 비결이 뭘까 궁금했는데, 이 책에 답이 있었다. '인간'과 '최적화'의 한계는 어디일까? 스타벅스커피 코리아의 끊임없는 변화와 혁신 사례는 실증적인 데이터와 함께 흥미와 재미로 그 스토리를 추적하게 해준다. '읽기'라는 행위를 통해 자연스럽게 혁신과 아이디어, 통찰과 영감의 따뜻한 커피 향기를 음미하게 되리라 기대한다.

■ 조형찬(현 국방정신전력원장)

4차 산업혁명의 도래로 모든 산업이 패러다임의 대변혁기를 맞은 이때에, 기업의 목표는 과연 무엇이 되어야 할까? 그저 살아남는 것일까, 아니면 새로운 가치를 생성해 최고가 되는 것일까? 스타벅스는 창조적인 공간 혁명을 통해 커피 업계를 확연히 리드해 나가며 기업 경영 전반에서 선도적인 역할을 해온 글로벌 회사다. 특히 스타벅스커피 코리아는 남모르는 경영 혁신으로 커피 브랜드 최초 1조 원 매출이라는 신화를 이루어냈다. 이 책에는 스타벅스 창업자인 하워드 슐츠와 글로벌 본사마저도 극찬을 보낸 그 신화의 비밀이 낱낱이 담겨 있다. 변화하지 않으면 생존 자체가 위험한 시대에, 당신의 목표는 '생존'이 아니라 '최고'에 있어야만 하기에 반드시 일독하기를 권한다.

■ 안승준(앰배서더 호텔 그룹 부회장)

서비스 업계에는 장애인이 근무하기 어렵다는 편견을 스스로 깨고 전국 스타벅스 매장에 200여 명의 장애인 바리스타가 근무토록 하고, 장애인 부점장을 탄생시킨 것은 물론, 동종 업종까지 장애인 고용이 크게 확대되도록 선례를 만든 스타벅스의 노력과 저자가 남긴 생생한 기록에 존경과 감사의 마음이 든다. 사회적 책임을 실천하고 탁월한 파트너십으로 장애인 바리스타를 양성해 낸 글로벌 브랜드 스타벅스의 철학이 담긴 이 책을 통해 '역시 스타벅스다'라는 메시지를 온몸으로 느낄 수 있을 것이다.

■ 박승규(한국장애인고용공단 이사장)

우리가 매일 이용하는 스타벅스! 거기에서 지금 어떤 일이 벌어지고 있는지 알고 있는가? 치열한 경쟁 환경에도 불구하고 경영 전 분야에서 끊임없는 혁신을 통해 최고의 경지를 유지하는 그들은 과연 어떤 전략을 구사하고 있을까? 스타벅스를 매일 이용하듯, 스타벅스의 아이디어와 전략 또한 당신의 경영과 연구, 생활에 적용할 수 있다. 이 책은 변화를 갈망하는 모든 분야, 모든 사람에게 인사이트를 불러일으킬 것이다.

■ 이승도(에릭슨-엘지 엔터프라이즈 상무, 서강대학교 경영대학원 총동문회장)

"스타벅스에서는 뭘 팝니까?"라는 질문을 받는다면 당신은 뭐라고 대답할까? 당연히 '커피'라고 생각했다면, 당신에게도 이 책이 필요할 것 같다. 나역시 북카페, 외식 사업 등에 도전하고 실패하며 지금의 '굿마이크'를 세우고서야, 상품 너머에 있는 '무엇'을 발견하는 것이 경영 혁신의 핵심임을 깨달았다. 스타벅스커피 코리아가 커피 시장이라는 레드오션에서 명실상부한 1위 브랜드로 자리를 굳히기까지 모든 과정을 함께해 온 저자가 이 책에서 가히 혁명이라 할 만한 스타벅스의 경영 전략을 가감 없이 공개했다.

■ 표영호('굿마이크' 대표이사, MBC 4기 공채 개그맨 / 《사이》 저자)

대표적인 글로벌 커피 전문기업 스타벅스. 빠른 시장 변화에 능동적으로 대처해 나가는 스타벅스의 면면을 인사책임자가 실제 체험하고 느낀 바대로 현장감 있게, 또한 쉽게 풀어냈다. 창업을 생각하고 있거나 혹은 이미 창업한 벤처기업, 기타 전문기업인들이 꼭 읽어봐야 할 경영 서적으로 일독을 권한다.

■ 이경주(미래경영전략연구원장 / 《4차 산업혁명 앞으로 5년》 저자)

2016년 말 내 귀를 의심했다. '스타벅스커피 코리아가 1조 매출을 달성했다'는 뉴스였다. 스타벅스커피 코리아 인사책임자로 일해 온 저자는 이 책에서 어떻게 그런 성과를 낼 수 있었는지 명확한 이유를 설명한다. 한국적인 전통을 살린 인테리어, 한국인의 입맛을 반영한 메뉴 개발뿐 아니라, O2O 서비스인 사이렌 오더의 개발과 개선 과정, 수평적인 조직 문화 역시 주목할 만한 요인이다. 저자는 스타벅스커피 코리아가 서비스의 차별화된 가치를 고객의 마음속에 어떤 방법으로 담아내는지 생생히 들려준다. 기업인은 물론이고, 마케팅에 관심 있는 일반인이나 대학생에게도 일독을 권하고 싶은 책이다.

■ 김용석(성균관대학교 교수 / 《엔지니어 세상의 중심에 서라》 저자)

외부에서 바라본 건물 모습이 아니라 내부의 창과 문을 통해 내다본 경치가 한옥의 진면목인 것처럼, 바깥에서 바라본 스타벅스의 모습이 아니라 안에서 인사최고책임자의 눈으로 본 스타벅스의 진면목을 담은 역작이다. 저자는 최근 7년간 매출 2,000억 원에서 1조 원 시대로, 직원 2,000명에서 1만 명 시대로 스타벅스커피 코리아가 급성장한 비결을 생생하게 들려준다.

■ 김진영(연세대학교 의과대학 교수, 세브란스병원 창의센터장 / 《격의시대》 저자)

《스타벅스, 공간을 팝니다》. 이 제목은 이렇게 읽을 수도 있을 것 같다. '스타벅스, 사랑을 드립니다'. 장애인 바리스타에게 사랑을 전하는 기업, 장애인 바리스타를 스타벅스의 스타로 키우는 기업, 사랑으로 문화를 만들어가는 기업. 가슴이 뜨거워진다.

■ 최염순(데일 카네기 코리아 대표이사)

···
차례
···

스타벅스, 공간을 팝니다

1 장

미션 1,000

1,000개의 매장을 오픈하라

스타벅스는 왜
국토개발계획 지도를 그렸나

글로벌 스타벅스를 놀라게 한
스타벅스커피 코리아 점포개발팀

소공동 스타벅스 지원 센터에 들어서면 현관 로비 옆쪽에 'Starbucks World Wide'라는 세계지도가 보인다. 이 지도에는 스타벅스가 진출한 국가마다 매장 수에 따라 크기가 다른 사이렌 로고가 붙어 있다. 그 옆에 있는 디지털 보드Digital Board에는 국가별 스타벅스 매장 수가 실시간으로 표시된다.

미션 1,000 프로젝트 시행 이후 해를 거듭할수록 한국 내 스타벅스 매장 수는 점점 증가했다. 연평균 30개 미만의 매장을 오픈하던 과거와는 달리 매년 100개 이상의 매장을 꾸준히 오픈했다. 하워드 슐츠는 5년 이내 700개 매장을 열겠다고 약속했지만, 한국 스타벅스는 그보다 300개 많은 1,000개 매장을 열었다.

스타벅스는 2016년 말 기준으로 전 세계 73개국에 진출해 약 24,142개의 매장을 운영하고 있다. 1위는 단연 미국으로, 총 12,575개 매장이 있다. 2위는 중국으로 2,369개, 3위는 캐나다로 1,647개, 4위는 일본으로 1,197개 매장이 있다. 그다음 5위가 한국이다. 얼마 전까지만 해도 영국이 5위였지만 한국이 추월했다. 영국의 뒤는 멕시코, 대만, 터키가 따르고 있다. 스타벅스의 본고장인 미국과 이웃 캐나다를 제외하면 중국, 일본, 한국이 상위권을 차지한다. 스타벅스 운영에 아시아가 차지하는 비중이 얼마나 큰지 실감할 수 있는 대목이다.

이를 입증하듯 하워드 슐츠는 2020년까지 중국 매장 수를 5,000개까지 늘리겠다고 발표했다. 이는 곧 중국에서 2차 온워드 열풍이 시작될 것임을 의미한다. 중국 스타벅스는 젊은이들로 넘쳐난다. 작년 여름에 커피 가격을 인상했는데도 매장을 찾는 고객 수는 감소하지 않았다고 한다.

일본 스타벅스에도 최근 많은 변화가 일어나고 있다. 2014년 9월 스타벅스는 일본 합작 파트너인 사자비Sazaby 사와 일반 주주가 가지고 있던 지분을 9,400억 원에 매입했고, 2016년 봄에는 일본 스타벅스 CEO를 교체했다. 또한 시애틀, 홍콩, 중국에서 근무하던 스타벅스의 노련한 핵심 인재들을 일본 스타벅스로 전진 배치하고 대대적인 조직 혁신을 추진하고 있다. 조만간 일본에도 온워드 바람이 일어날 전망이다.

하지만 신규 매장을 열심히 늘려나간다고 수익으로 직결되는 것은 결코 아니다. 잘못 오픈한 매장은 대규모 손실을 감수해야 한다. 스타벅스가 일본에 처음 진출했을 때는 사람들이 많이 지나다니는 도심지 교차로에 매장을 오픈했다고 한다. 그러나 사람들이 지나치기만 할 뿐 매장에는 들어오지 않았기 때문에 이런 초기 매장 입지 선정 전략은 실패했다.

스타벅스커피 코리아에는 매장 오픈을 전담하는 점포개발팀이 있다. 매장 후보지 발굴, 매장 임대차 계약, 인테리어 설계 및 공사 그리고 시설의 유지·보수에 이르는 업무를 맡는다. 점포 개발을 담당하는 파트너는 10명 정도다. 각 파트너가 매월 1개씩, 연간 12개의 매장을 오픈한다. 스타벅스 매장 오픈 업무를 맡은 파트너를 우리는 스토어 디벨로퍼Store Developer라고 부른다. 이 파트너들은 대부분 부동산, 건축, 인테리어 관련 전공자로 다양한 매장을 오픈한 경험이 있는 경력자들이다.

한편 스토어 컨설턴트Store Consultant도 있다. 이 파트너들은 스타벅스 매장의 효율을 분석해 건물주와의 계약과 관련된 일을 맡는다. 매장 운영 효율에 따라 향후 매장의 계약 해지, 재계약, 매장 확장 계약 등, 매장의 경영 방향을 결정하는 중요한 역할이다. 충분한 시간을 두고 건물주나 각 부서와 협력하기 때문에 모든 일이 원만하게 진행되며, 건물주와의 분쟁 등은 생기지 않는다.

스타벅스 매장은 100% 직영이라 시장조사, 매장 발굴, 승인, 투자 결정, 인테리어 공사, 오픈까지 최소 6개월 이상이 걸린다. 그럼에도 이들은 월 1개 이상 수익이 나는 매장을 오픈했다. 게다가 한국에서 오픈한 700여 개의 신규 매장은 대부분 오픈 초기부터 수익을 낸 알짜 매장으로 자리매김했다. 그렇다면 스타벅스커피 코리아는 어떤 점포 개발 전략을 구사했을까?

'미션 1,000' 전략 수행을 위해 점포개발팀이 가장 먼저 착수한 일은 스타벅스 국토개발계획 지도를 제작하는 것이었다. 전국 지도를 펼쳐놓고 스타벅스 매장을 오픈할 수 있는 모든 후보지를 조사했다. 먼저 전국의 지하철역과 신설 예정 지역을 지도에 그려 넣었다. 데이터에 따르면 지하철역은 모두 830개로, 서울 441개, 부산 128개, 대구 89개, 대전 22개 그리고 광주 20개였다. 신설 후보 역까지 계산하면 900개가 넘었다. 그다음에는 역의 규모에 따라 오픈 가능한 매장 수를 계산했다. 서울 지하철역은 길이가 길고 출구가 8개 이상이라, 역당 4개의 가상 매장을 그려 넣었다. 부산은 역낭 2개 매장을 배정했다. 이런 방식으로 계산하면 지하철역 주변에 오픈할 수 있는 총 매장 수는 2,151개나 되었다.

같은 방법으로 버스 정류장의 수도 조사했다. 지역 특성상 입점이 불가능한 곳은 제외하고, 정류장별 승하차율을 고려해 매장을 오픈할 여건이 되는 정류장을 계산한 결과, 대략 4만여 개의 후보지를 고를 수 있었다. 다수의 인원이 상주하는 대형 빌딩의 수도 조사했다. 공연장, 영화관, 스포츠 시설, 공원, 관광지, KTX, GTX, 공항, 터미널, 부두를 비롯해 고객을 모을 수 있는 모든 장소를 조사해 지도에 도식화했다. 판교, 동탄, 김포 한강, 파주 운정, 광교, 양주, 위례, 고덕 국제화, 인천 검단, 아산, 대전 도안을 비롯해 정부가 주도하는 국토개발계획에 따라 건설되는 모든 신도시도 포함했다. 거주 인구의 이동도 감안했다. 그리고 이 모든 정보를 분석하고 실제 개발이 시행되는 시점을 고려해 연도별 매장 오픈 계획 기초를 만들었다.

다음으로는 지역별 스타벅스 매장 개발 담당자의 현장 조사 결과를 반영해 오픈 우선순위를 정하고, 선정된 지역의 매물과 신축 건물을 조사해 입점 후보지를 압축했다. 매장 개발자의 철저한 분석과 시장조사 결과에 따라 스타벅스 브랜드 인지도와 매장 경영 정보 제공의 투명성 및 신뢰성, 매장 수익성, 장기 임차 가능성 같은 조건을 고려해 가장 적합한 후보지를 선정할 수 있었다. 무엇보다 건물주 입장에서는 스타벅스 입점을 마다할 이유가 없었다. 스타벅스 매장이 들어서면 상가 내 다른 점포까지 매출이 증가하는 일명 나비효과가 일어나고, 건물 시세까지 동반 상승하기 때문이다.

시애틀 본사만이 아니라 전 세계에 진출한 스타벅스가 이런 한국의 경영 성과에 놀라워한다. 양적으로나 질적으로나 하워드 슐츠가 선언한 목표를 훨씬 뛰어넘는 실적을 올린 한국의 스타벅스를 배우기 위해 서울을 방문하는 행렬도 끊이지 않는다. 스타벅스 커피 코리아가 전 세계의 모범 사례가 된 것이다.

 ## 점포 개발에는 정답이 없다

스타벅스의 매장 오픈 전략은 경제 신문이나 경제·경영 서적에도 분석 사례로 자주 등장한다. 예를 들어 《동아비즈니스리뷰》 2015년 5월 호에 게재된 〈스타벅스 서울 매장 지도, 기업 본사 지도와 똑같은 이유〉라는 제목의 기사는 스타벅스가 매장을 오픈하기 위해 허브 앤드 스포크Hub & Spoke, 클러스터 전략을 구사한다고 소개했다.

허브 앤드 스포크는 중심에 허브가 있고 여기에서 바큇살, 즉 스포크가 뻗쳐 나가는 자전거 바퀴의 모습에서 따온 말이다. 허브가 되는 중심 지역에 집중적으로 매상을 오픈해 브랜드 인지도를 확고히 한 다음, 바큇살처럼 2차 허브가 될 수 있는 곳으로 지역을 확대해 매장을 오픈하는 방식을 말한다.

예를 들어 인구 50만 이상의 도시가 30개라고 가정하면, 30개 도시에 각 1개 매장씩 30개 점포를 오픈하는 것이 아니라 허브 역할을 할 수 있는 핵심 상권이 있는 1~2개 도시에 각각 15~30개의 매장을 집중적으로 오픈한다. 그렇게 일정 기간 동안 브랜드 인지도를 높인 다음, 나머지 28개 도시에 2차 허브를 만들어가는 방법이다. 허브 앤드 스포크 전략을 다른 말로 '클러스터 전략'이라고도 한다.

《동아비즈니스리뷰》의 기사는 이 같은 전략에 기초해 스타벅스가 선택한 1차 허브는 종로, 명동, 을지로 일대, 2차 허브는 혜화동, 테헤란로에서 서초동 교대까지 이어지는 강남 일대, 대학가가 몰려 있는 신촌 일대 그리고 디지털 단지로 거듭나고 있는 금천구라고 소개했다.

현재 중소기업혁신전략연구원 전임 교수인 맹명관의 《스타벅스 100호점의 숨겨진 비밀》이라는 책도 비슷한 내용으로 스타벅스 매장 오픈 전략을 소개한다. 스타벅스 매장이 몰려 있는 이유, 스타벅스 매장이 주로 빌딩 1층을 차지하는 이유가 상세하게 적혀 있다. 그는 스타벅스가 기업 고객과 개인 고객이 많은 인구 유동성이 높은 길목에 집중적으로 매장을 오픈하는 전략을 쓴다고 했다. 특히 가시성과 인지성이 높은 건물을 선호하며, 간단한 전화 통화로도 약속 장소를 정할 수 있고 찾기 쉬운 빌딩에 자리 잡는다는 것이다. 이런 전략은 통합 마케팅 구사, 매장 간 파트너의 협업, 물류 비용의 최적화 등 많은 이점이 있다고 설명한다.

하지만 지금의 스타벅스는 전형적인 클러스터 전략을 사용하고 있다고 말하기에 다소 애매하다. 매장 수가 500개를 넘어선 시점부터는 핵심 상권에 이미 스타벅스가 진출해 안정적으로 매장을 운영하고 있고, 자동화된 물류 시스템이나 뛰어난 역량을 갖춘 파트너를 육성하는 면에서도 최고 수준에 도달했기 때문에 굳이 클러스터 전략을 고집할 필요가 없는 것이다.

또한 한국 스타벅스 매장은 꼭 교차로로 한정해 입점하지 않는다. 대로변이 아닌 2차 도로 안쪽에 매장을 열기도 하고, 1층에는 매장 입구와 바를 설치하고 2층은 고객이 머무르는 공간으로 구성한 2층 중심 매장을 오픈하기도 한다. 대형 쇼핑몰, 영화관, 백화점, 이마트 등에는 작은 규모의 키오스크 매장을 열기도 한다.

최근에는 제주도, 강릉, 속초, 간절곶, 해운대 해수욕장과 달맞이길, 문경새재 등 관광 지역에도 스타벅스 매장을 오픈했다. 임차료가 상승하면서 매장 수익성 확보가 점점 어려워지는 점을 감안해, 도심 상권에서 도심 외곽, 지방, 관광지 등으로 점차 오픈 범위를 늘려나가고 있는 것이다. 특히 도심 외곽에 신축 건물을 싯고 이를 임차하는 드라이브 스루 매장 오픈 전략도 적극 추진하고 있다. 한마디로, 점포 개발에는 정답이 없다.

과감히 개척한 블루오션,
드라이브 스루

 스타벅스는 젊은 층의 전유물?
중 · 장년층 고객을 잡아라!

드라이브 스루Drive-thru는 고객이 차에 타고 운전을 하는 상
태로 쇼핑을 할 수 있는 서비스다. 미국에서 1930년대에 처음 등장
한 드라이브 스루 매장은 미국에서는 흔하게 찾아볼 수 있다. 자동
차 여행을 하다 보면 고속도로 교차로 주변의 쇼핑몰이나 국도변
에서 드라이브 스루 시스템을 갖춘 다양한 브랜드의 패스트푸드
매장이 보인다. 삼성에 근무할 때 미국 출장이 잦았던 나는 낯선
곳을 지날 때는 매장에 들어가서 주문하기보다 차 안에서 주문하

는 드라이브 스루 방식을 선호했다. 식사 시간도 절약할 수 있고, 익숙하지 않은 곳에 대한 약간의 두려움도 있었던 탓이다.

미국에서는 일상화된 드라이브 스루 매장이 한국에 처음 등장한 때는 1992년이다. 맥도날드는 바쁜 현대인의 라이프스타일에 맞춰 운전자가 자동차에 탄 채 햄버거를 주문하고 받을 수 있는 드라이브 스루 매장을 부산 해운대에 최초로 오픈했다. 그러나 당시 한국 고객에게는 다소 낯선 시스템이어서 크게 각광받지는 못했다고 한다.

생활환경의 차이도 드라이브 스루 매장의 성패를 결정짓는 주된 요소다. 미국은 도심과 주거지역, 상업지역이 명확하게 구분되어 있다. 주거지역에는 식당이 거의 없어서 외식을 하려면 차를 타고 상업지역으로 가야 할 때가 많다. 드라이브 스루 매장 시스템이 발달하지 않을 수 없는 구조다. 반면 한국은 주거지역에도 상가가 많다. 집에서 걸어서 5분 정도만 나가도 슈퍼마켓이나 음식점을 쉽게 찾아볼 수 있다. 굳이 자동차를 몰고 나가 드라이브 스루 매장을 이용할 필요를 크게 느끼지는 못할 것이다.

우리는 다른 각도에서 드라이브 스루 매장을 연구했다. 임차료가 상승하면서 매장 수익이 줄어드는 문제를 해결할 수 있는 방안으로 임차료가 낮은 지역에 매장을 오픈하고, 고객을 그곳으로 유인할 수 있는 방법을 찾으려고 했다. 즉, 기존 상권에 의존하지 않고 새로운 상권을 개발하겠다는 역발상에서 드라이브 스루 매장 도입의 타당성을 연구한 것이다.

한국에 드라이브 스루 매장이 처음 소개된 지 20년이 지난 2012년, 우리는 점포개발팀을 주축으로 한 태스크포스팀을 구성했다. 우선 고객이 차량으로 매장을 방문해야 상품을 팔 수 있으므로 전국의 승용차 현황을 조사했다. 국토교통부 공시 자료에서 전국에 대략 2,000~2,200만 대 차량이 등록되어 있고, 국민 2.5명당 1대꼴로 차량을 소유하고 있다는 사실을 확인했다. 지역별로는 서울 300만 대, 경기도 460만 대, 인천 120만 대 등 수도권 전 지역에 약 880만 대의 차량이 등록되어 있었다. 그리고 부산 120만 대, 대구 100만 대, 경남 150만 대, 경북 130만 대를 비롯, 경상권도 생각보다 많은 500만 대의 차량이 등록되어 있었다.

성별·연령대별 데이터도 분석해 보았다. 등록된 차량의 운전자 중 약 67%에 해당되는 1,330만 대가 남성 운전자였고, 410만 대가 여성 운전자였다. 나머지 250만 대는 법인 차량이었다. 연령대별로는 중·장년층에 해당하는 40~50대가 약 1,000만 대로 총 운전자의 50% 가량을 차지했다. 이런 조사 결과를 기초로, 우리는 서울 외곽 수도권 지역과 경상도 지역이 드라이브 스루 매장 후보로 타당하다는 결론을 내렸다.

문제는 스타벅스의 수 고객층이었다. 운전자의 50% 이상이

40~50대 중·장년층인데 반해 우리의 주 고객층은 20~30대 젊은 여성이었기 때문이다. '주 고객층도 아닌 중·장년층이 차량을 몰고 드라이브 스루 매장으로 커피를 사러 오겠는가?' 하는 의문이 나올 수밖에 없었다. 커피 전문점이 점차 확대되고 문화도 바뀌면서 20~30대 남성 고객도 빠르게 늘어나는 추세긴 했지만, 중·장년층을 우리의 주 고객층으로 보기는 다소 무리였다.

여기서 다시 한 번 역발상의 힘이 발휘되었다. 1,000만 명이 넘는 중·장년층을 스타벅스 고객으로 끌어들이면 어떨까? 이제 한국도 명백한 초고령화사회로 진입했다. 노인 인구수는 증가하고 젊은 층 인구수는 감소하는 추세가 뚜렷하다. 이대로라면 결과적으로 스타벅스의 고객 수도 감소한다. 그렇다면 기존의 틀에 얽매이기보다는 위험을 감수하더라도 중·장년층으로 고객을 확장하는 전략을 구사해야 사업의 미래가 보장되지 않을까?

아울러 중·장년층 고객 입장에서도 생각해 보았다. 그들은 왜 스타벅스와 거리를 두는 것일까? 혹시 젊은 여성이 많은 커피 전문점을 방문하기가 괜스레 불편하지는 않았을까? 용기를 내어 주문대에 서긴 했지만 "어떤 음료 드릴까요?", "아메리카노 어떠세요?", "우유가 들어간 라테 괜찮으세요?", "시럽은 빼드릴까요?" 같은 파트너의 복잡한 질문 공세에 당황해서 "네, 네, 그걸로 주세요"라고 얼떨결에 대답하지는 않았을까?

만약 일반 음식점이라면 어땠을까? "아줌마! 여기 삼겹살 3인분에 참이슬 2병, 카스 2병, 김치찌개 하나에 계란찜 하나 추가요!" 주인이 물어보지 않아도 자신 있고 우렁차게 청산유수로 주문을 하고, 동료들과 신나게 먹고 마시고 이야기하면서 즐거운 시간을 보냈을 것이다.

정리해 보면, 중·장년층 눈에 비친 스타벅스 매장은 젊은 여성의 공간이고, 이런 이미지 때문에 쉽게 다가가지 못한다. 낯선 이름의 메뉴도 뭐가 뭔지 잘 모르겠고, 주문 절차는 복잡하고 불편하다.

그렇다면 드라이브 스루는 어떤가? 나는 미국 여행을 다닐 때 낯선 곳에서는 보통 패스트푸드 매장을 이용한다. 주차를 하고 용기 있게 매장에 들어가서 주문하는 경우도 있지만, 영어도 어설프고 익숙하지 않은 분위기와 주위 손님들의 시선이 부담스러워 들어서기를 머뭇거릴 때가 종종 있다. 그럴 때 드라이브 스루 매장을 찾는다. 진입로에 세워진 메뉴 보드를 보고 세트 번호만 말하면 되는 간편한 시스템이 가장 큰 강점이다. 그렇다면 스타벅스 매장에 가기에는 왠지 어색하고 주문도 복잡하다고 느끼는 중·장년층 남성 고객도 드라이브 스루 매장은 좋아하지 않을까?

그런데 지금까지 드라이브 스루 패스트푸드 매장이 크게 재미를 보지 못한 이유는 어떻게 설명할 수 있을까? 보통 자동차에는 운전석 바로 옆에 음료를 놓을 수 있는 컵 홀더가 설치되어 있다.

운전할 때 휴게소에서 산 음료나 커피를 홀더에 놓고 졸음을 피하기 위해 마시는 사람들은 많다. 중·장년층도 마찬가지다. 반면 햄버거는 운전하면서 먹기에는 다소 부담스럽고, 안전 운행에도 영향을 줄 수 있다. 또한 차량에 음식물 냄새에 가득 차는 것도 꺼려진다. 즉, 한국에서는 패스트푸드보다 커피가 오히려 드라이브 스루 매장에 유리하지 않을까?

한국인의 운전 습관을 감안할 때 운전 중 음료나 커피를 마시는 문화는 이미 충분히 자리 잡고 있었다. 초고령화사회로 진입하는 지금 1,000만 명이 넘는 신규 고객층을 확보할 수 있는 드라이브 스루는 반드시 필요한 투자로 보였다. 블루오션이 될 수도 있었다. 중·장년층은 구매력이 높은 세대이므로 1인당 구매 단가도 높아질 가능성이 있었다. 우리는 점점 더 확신을 더했다. 관건은, 이 확신을 바탕으로 '어디'에 매장을 오픈할 것인가였다.

천년 고도 경주에 첫발을 내디딘
스타벅스 드라이브 스루

우리는 전국의 주유소, 대형 주차장, 관광지, 호텔을 비롯해 차량이 많이 모이는 곳을 조사했다. 주유소 가격 정보 웹사이트인 오피넷www.opinet.co.kr에서 확인한 결과, 2012년 기준 전국의 주유소는 약 1만 2,000개로, 이 중 수도권에 3,000여 개, 경상권에 3,000여 개, 충청권에 1,000개 등이 있는 것으로 파악되었다. 또 관광지 조사 결과, 전국의 주요 관광지는 총 224개, 관광단지는 39개였다. 가장 많은 관광객이 방문한 곳은 경북, 충남, 경기, 강원 순이었고, 이들 지역의 연간 방문 관광객은 3,000만 명이 넘었다. 관광단지 중 규모가 가장 넓은 곳은 강원도 용평과 오크밸리, 경주 보문단지로 나타났다. 이를 통해 우리는 다음과 같은 결론을 내렸다.

"경주 보문관광단지에 드라이브 스루 1호 매장을 오픈합시다. 경주의 실질 거주 인구는 25만 명으로 매장을 오픈하기에는 적합하지 않습니다. 그러나 지역별 차량 현황, 관광객 방문 수와 관광단지 규모를 감안하면 얘기가 달라집니다. 무엇보다도 역사적으로 경주는 '천년 고도'라고 할 만큼 유서 깊은 도시입니다. 한국의 역사와 문화가 깃들어 있는 도시에 스타벅스 드라이브 스루 매장이 들어선다면 큰 의미가 있을 것입니다. 또한 경주는 차량을 이용한 관광객 방문율이 가장 높은 지역 중 하나입니다. 기회가 있다고 봅니다."

경주 보문관광단지는 아시아 3대 유적으로 지정된 경주 보문호수를 중심으로 1979년에 조성한 국제적 관광단지다. 국제 시설과 숙박 시설, 다양한 위락 시설을 갖춘 종합 관광 휴양지로, 연간 800만 명 이상의 관광객이 찾는 명소다. 특히 4월에 열리는 보문호수 벚꽃 축제에는 부산, 창원, 대구, 울산을 비롯한 경상권 전역을 중심으로 수많은 관광객이 차량을 이용해 벚꽃 장관을 보기 위해 몰려든다. 게다가 당시 보문단지 안에는 커피 전문점이 없었다. 한꺼번에 몰려드는 차량과 관광객을 위한 주차장도 부족했고, 음식점도 관광객의 갖가지 기호를 충족하기에는 다양성이 떨어졌다. 이곳이라면 차량을 이용해 음료와 푸드를 주문할 수 있는 드라이브 스루 매장이 통하겠다는 확신이 들었다.

우리는 보문단지 내 매장 후보지를 선정하고 오픈을 위한 준비에 착수했다. 그러나 문제는 엉뚱한 곳에서 발생했다. 당시 스타벅스 매장 오픈은 홍콩에 있는 글로벌 점포개발팀의 승인을 받아야 했는데, 여기서 승인이 나지 않았다. 이유는 단순했다. 한국 문화를 잘 이해하지 못한 담당자가 경주 인구가 25만 명이 되지 않고, 보문단지가 도심과 멀리 떨어져 있어 매장 오픈 기준에 적합하지 않다고 판단한 것이다. 우리는 자료를 보강해서 그들을 설득했다. 1년 6개월에 걸친 작업 끝에 마침내 승인이 났다. '그렇게 자신 있으면 알아서들 해보라'는 식의 포기에 가까웠다. 대놓고 말하지는 않았지만 '만약 실적이 나오지 않으면 각오하라'는 눈치도 은근히 풍겼다.

그렇게 우리는 보문단지에 한국적 전통 가옥 외관과 내부 인테리어를 갖춘 드라이브 스루 1호 경주보문로DT점을 오픈했다. 갖은 난관을 극복하고 오픈을 결정한 지 거의 2년 만에 개점한 스타벅스 최초의 드라이브 스루 매장은 대성공을 거두었다. 관광객으로 발 디딜 틈이 없는 보문단지에 자리 잡은 경주보문로DT점은 매장뿐만 아니라 드라이브 스루 라인에도 차량이 끊이질 않았다. 게다가 외부 디자인과 내부 인테리어에 대한 고객의 반응이 뜨거웠다. 고객이 드라이브 스루 1호점에 다녀간 후 SNS에 글과 사진을 올리면서 입소문은 급속도로 확산되었다. 보이지 않는 마케팅의 힘에 가속을 받아 경주보문로DT점을 방문하는 고객은 더욱더 증가했다. 문을 연 지 얼마 되지 않아 이 매장은 지역 명소로 자리 잡았다. 매출도 대박을 쳤다. 1일 매출이 1,000만 원을 돌파하면서 국내 톱 10위권에 들었다.

이에 힘입어 오픈한 경주보문호수DT점도 3층 한옥 건물로 지어졌고 보문호수가 바라다보인다는 점에서 많은 사랑을 받았다. 물론 이 매장에도 드라이브 스루 시스템을 갖추었다.

시애틀 스타벅스 본사의 반응도 뜨거웠다. 경주보문로DT점은 글로벌 스타벅스에서 선정한 '전 세계에서 가장 아름다운 스타벅스 매장' 중 하나로 선정되었다. 경주는 가장 한국적인 도시면서도 스타벅스와 가장 잘 어울리는 글로벌 도시가 되었다. 경주의 성공을 발판으로 드라이브 스루 매장 개발 전략은 추진력을 얻었다.

다음 전략은 주유소와의 제휴였다. 당시 주유소 공급 과잉과 국제 원유 가격 하락으로 수익성이 악화되면서 폐점하는 주유소가 속출하고 있었다. 우리는 드라이브 스루 매장 오픈을 준비하는 과정에서 전국의 주유소 현황을 꿰뚫고 있었기 때문에, 차량 이동량이 많아 매장 오픈 적합성이 높은 주유소와 업무 협력을 추진했다. 주유소를 경영하는 사업주는 스타벅스의 제휴 제안에 함박웃음을 보였다. 수익성이 나빠져 적자가 지속되는 상황에서 제휴를 마다할 이유가 없었다.

사업주는 주유소를 허물고 그 자리에 스타벅스 매장을 건축한 뒤 이를 스타벅스에 임대하고 보증금과 월 고정 수입 또는 판매 수수료를 받는 방식으로 업무 제휴를 맺었다. 어떤 주유소 사업주는 주유소 부지의 절반은 기존의 주유소로 운영하고 나머지 절반에 건물을 지어 스타벅스 매장을 입점했다. 이 방식은 크게 성공했다. 주유소는 같은 공간에 두 가지 매장을 둘 수 있었기 때문에 양쪽에서 수익이 났고, 스타벅스는 비싼 임대료를 피하고 신규 상권과 고객층을 확보할 수 있었다. 이런 매장에는 도심에 있는 일반 매장보다 더 많은 고객이 방문했고, 수익 또한 높게 나타났다.

물론 처음 드라이브 스루 매장을 도입할 때는 낯선 시스템 때문에 어려움도 많았다. 화상 주문 시스템을 도입하기 위해 파트너들을 미국으로 보내기도 했다. 이들은 시애틀 지원 센터에서 드라이브 스루 시스템을 소개받고, 미국 주요 도시의 스타벅스 매장을 방문해 미국 파트너들이 고객의 주문을 어떻게 처리하는지 지켜본 뒤 직접 화상 주문 시스템을 사용하면서 배워나갔다. 하루 종일 매장에서 실전을 뛰고 난 후 새벽에 호텔로 돌아와 그날의 경험을 동이 틀 무렵까지 꼼꼼하게 정리했다. 그리고는 곧 다시 매장으로 나갔다. 보고 또 보고, 정리하고 맞춰보고 또 확인하면서 완벽하게 화상 주문 시스템을 습득하려 노력했다.

이렇게 도입한 화상 주문 시스템을, 우리는 한국 고객과 매장 환경에 맞는 시스템으로 최적화하기로 했다. 이를 추진할 팀을 꾸리고 새로운 시스템을 스타벅스 내부의 ERP 전사적 자원 관리 시스템과 연동해 모든 업무가 원활하게 진행되도록 했다. 특히 고객이 드라이브 스루 매장 진입로로 들어와 주문을 하기 위해 멈춰 서는 곳에는 42인치 초대형 스크린을 세웠다. 고객이 진입하면 초대형 스크린 절반에 매장에서 실제로 근무하는 파트너가 화상으로 등장했다. "안녕하세요, 고객님. 주문 도와드릴까요?" 고객은 매장에서 직접 주문하는 것 같은 착각을 일으킬 정도였다. 나머지 절반의 화면에는 주문할 수 있는 메뉴를 순서대로 보여주었다. 매장 주문의 친근함과 메뉴 선택의 간편함을 결합한 것이다. 고객은 무척 재미있어했다. 시애틀에서도 두 손 두 발 다 들었다. 한국은 알아서 다 하니까 그냥 하게 두면 된다고 할 정도로 칭찬이 자자했다. 고객에게 즐거움과 편리함까지 제공하자 드라이브 스루 매장의 만족도는 계속 상승했다.

드라이브 스루 매장 주문 비율은 어느덧 매장 전체 주문 비율의 30%를 넘어섰다. 매장 안과 드라이브 스루의 매출을 합치면 드라이브 스루가 없는 매장보다 최소 20~30% 이상 높게 매출이 형성되었다. 드라이브 스루의 1인당 주문 단가 또한 매장 내 주문 단가보다 높았다. 구매력이 높은 40~50대 남성 고객의 드라이브 스루 주문이 많았기 때문이다. 우리의 예측이 정확하게 맞아떨어졌다. 중·장년층 신규 고객이 스타벅스로 편입되기 시작한 것이다.

게다가 새로운 문화를 즐기려는 20~30대 젊은 고객층의 드라이브 스루 이용 비율도 급증했다. 캠핑 문화가 급성장하면서 전국에 약 1,200개 이상의 글램핑장이 들어섰다. 당연히 차량을 이용한 국내 관광 사업이 활성화되기 시작했다. 폐점 위기에 봉착한 주유소와의 상생 전략은 그야말로 윈윈이었다. 우리는 드라이브 스루 매장을 일산, 대구, 구미, 서울, 대전, 청주, 속초, 제주 등 전국 도시로 확대했고, 지금까지 80개가 넘는 드라이브 스루 매장을 오픈했다. 앞으로 더 많은 드라이브 스루 매장이 생길 것으로 보인다.

스타벅스는 기존의 틀을 깨는 창의적인 생각으로 새로운 시장을 창출하고 신규 고객을 유치했다. 또한 폐점 위기에 봉착한 주유소와 제휴를 맺으면서 상생 경영을 실행했고, 도심 상권의 비싼 임대료 탓에 수익성이 감소하는 문제를 해소할 수도 있었다. 우리는 허허벌판에 매장을 오픈해 기존 매장보다 오히려 더 높은 수익을 내는 매장으로 변모시켰다. 그야말로 블루오션을 개척한 것이다.

가장 글로벌하면서도
가장 한국적인 스타벅스

한국의 스토리를 담아낸
스타벅스 매장 인테리어

2014년 3월, 스타벅스는 새로운 콘셉트의 매장을 열었다. 바로 스타벅스 리저브 매장이다. '리저브Reserve'란 '가장 좋은 곳에서 재배된 것'이라는 의미를 담고 있다. 단일 원산지에서 극소량만 재배된 최고의 원두를 사용해 진공 압축 기술을 적용한 클로버 머신clover machine으로 커피를 추출한다. 스타벅스 경영진이 이 클로버 머신으로 뽑아낸 커피를 마셔보고 감동받아서 아예 제조사를 인수하고 리저브에만 독점 공급하도록 했을 정도로, 리저브는 독특한 풍미의 완벽한 커피를 제공하는 매장이다.

이런 희소성 때문에 전 세계 2만 4,000여 개 스타벅스 매장 중 리저브 매장은 약 800여 개에 불과하며, 국가 수로 보아도 2014년까지는 미국과 영국, 일본에만 리저브 매장이 있었다. 하지만 한국에서 드라이브 스루 매장의 성공을 직접 경험한 시애틀 스타벅스 본사는 리저브 매장을 오픈할 네 번째 국가로 한국을 선택했다.

한국 내 리저브 매장은 모두 5개다. 서울 압구정로데오역점, 소공동점, 적선점, 이태원거리점 그리고 성남 분당의 정자점이다. 이들 매장에는 스타벅스의 커피 전문가 양성 프로그램인 '커피 마스터'를 취득한 최고 수준의 바리스타를 배치해 최상의 서비스를 제공하도록 했다. 고객에게 일대일로 리저브 원두의 특성과 제조 과정을 상세히 설명해 주는 체험도 선사했다.

일반 커피에 비해 가격은 다소 높았지만 최고의 원두를 클로버 머신이라는 독특한 방식으로 추출해 제공한 리저브 커피는 고객의 뜨거운 반응을 불러일으켰고, 우리의 예상치를 2배 이상 뛰어넘는 판매 실적을 냈다. 스타벅스 리저브 매장 오픈으로 드라이브 스루 매장에 이어 국내 커피 시장에 고급화 바람도 일어났다. 우리는 현재 약 60여 개의 리저브 매장을 운영하고 있다.

또 한 가지 새로운 콘셉트의 매장은 2015년 7월 서초구 반포동 센트럴시티에 문을 연 스타벅스 플래그십 스토어flagship store, 파미에파크점이다. 플래그십 스토어란 한마디로 해당 브랜드의 성격과 이미지를 극대화한 매장으로, 그 브랜드가 갖추고 있는 상품과 이미지, 서비스를 모두 보여주는 곳이라고 할 수 있다. 그만큼 브랜드, 상품, 인테리어에 이르기까지 자신감이 없다면 감히 엄두를 내기 힘든 매장이다.

파미에파크점은 한국 진출 15주년을 기념해 '도심의 커피 숲'을 주제로 인테리어 디자인을 고급화한 하이 프로파일high-profile 매장으로 설계되었다. 커피나무, 목재, 천과 같은 자연 친화적 소재를 활용해, 돔 형태로 울창한 숲이 물결치듯 유기적인 곡선 공간을 구현함으로써 창의적이고 차별화된 모습으로 완성되었다. 이 지점 역시 리저브 매장으로 운영되고 있으며, 32종의 전용 푸드 메뉴와 파미에파크점에서만 살 수 있는 머그, 텀블러, 에코백 같은 전용 상품도 선보였다. 플래그십 스토어라는 콘셉트에 걸맞게 이곳에서만 누릴 수 있는 다양한 경험을 매장에 채워 넣은 것이다. 또한 파미에파크점 오픈에 맞춰 피지오라는 새로운 음료도 선보였다.

문을 연 지 10일 만에 1만 명의 고객이 방문하면서 파미에파크점 역시 성공적으로 출발했다. 최근에는 파미에파크점과 연결된 파미에스테이션까지 생기면서 파미에파크점은 지역 명소로 떠올랐고, 더 나아가 한국 스타벅스를 상징하는 최고의 매장으로 입지를 굳혔다.

이와 같이 다양한 변신을 추구하며 잇따른 성공을 거둔 스타벅스커피 코리아의 매장 오픈 전략 중 가장 손꼽을 만한 것은 무엇일까? 여러 가지가 있겠지만, 나는 한국 전통 문화를 그대로 옮겨놓은 느낌의 매장 인테리어라고 생각한다. 스타벅스 매장은 한국은 물론 홍콩 글로벌 점포개발팀의 철저한 검증을 거쳐 오픈한다. 매장 공간과 인테리어도 50여 명의 글로벌 디자인팀이 참가해 설계되고 꾸며진다. 이들은 시애틀 본사의 글로벌 표준 인테리어 설계 방식과 디자인을 접목해 신규 매장 인테리어를 디자인한다.

스타벅스 매장 인테리어 공사 기법은 대단히 과학적이다. 매장 계약에서 인테리어 디자인, 공사, 오픈 준비에 이르기까지 모든 프로세스가 관련 팀에 공유되고, 시스템에서 실시간으로 연결된다. 단계별로 필요한 지원 사항은 물어보지 않더라도 각 팀에 먼저 전달된다. 컨베이어시스템과 같은 구조라고 보면 된다.

협력사와의 협업도 담당자의 전화, 문서, 메일로 이루어지는 것이 아니라 시스템으로 이루어진다. 협력사가 실행하는 모든 매장 공사 추진 공정은 1일·시간 단위로 시스템에서 실시간 확인이 가능하기 때문에 기간이 고무줄처럼 늘어나고 줄어드는 공사는 일절 없다. 투입 자재 또한 철저하게 검증되고 확인된 소재만을 사용한다.

하드웨어만이 아니라 매상 오픈에 따른 파트너 육성이나 교육과 같은 소프트웨어적 요소까지도 이런 시스템으로 연결된다. 지원 부서는 이에 따라 알아서 자기 역할을 수행한다. 정확한 오픈 일정에 맞춰 파트너의 인사 발령, 서비스 교육, 매장 오픈 준비와 같은 모든 절차가 완벽하게 스케줄대로 진행된다.

하지만 이와 같이 체계화된 프로세스에도 불구하고 우리는 몇 가지 고민을 해야 했다. 매장 인테리어를 시애틀 본사의 표준 매뉴얼과 홍콩 글로벌 점포개발팀의 설계를 바탕으로 하다 보니 한국의, 나아가 매장이 오픈되는 지역의 문화적 특성을 반영하기가 어려웠다. 우리는 스타벅스커피 코리아 지원 센터의 인테리어팀에 근무하는 디자이너들과 함께 매장 인테리어와 한국 문화의 접목을 시도했다. 디자이너들은 계약이 체결된 매장을 여러 차례 방문하면서 해당 매장이 갖는 역사적·사회적 의미를 확인하고 고객의 특성과 선호도를 조사했다. 그리고 이를 바탕으로 적합한 매장 인테리어를 설계해 글로벌팀의 디자인과 접목했다. 이런 협업 설계를 통해 성공적으로 오픈한 몇 개의 매장을 소개해 보겠다.

먼저 스타벅스 문경새재점이다. '새재'라는 말은 고개가 높고 험해서 날아가는 새도 쉬어 간다는 의미라는 설도 있고, 억새풀을 의미하는 순우리말에서 나왔다는 설도 있다. 임진왜란 때 신립申砬, 1546~1592 장군의 한이 서린 곳이기도 하고, 영남 인재들이 과거를 보기 위해 한양으로 갈 때도 꼭 선택하는 길이 문경새재였다고 한다. 이곳에는 유명한 사극 촬영장도 있다. 〈태조 왕건〉을 비롯해 수많은 사극이 촬영되었다. 문경새재는 한국인이 죽기 전에 꼭 가 보아야 하는 관광지로도 잘 알려져 있다. 우리는 이곳에 스타벅스 매장을 열었다. 외관은 2층 한옥으로 역사적 의미를 살렸고, 안에는 좌식 테이블을 배치해 어르신이나 주부, 아이를 동반한 가족 고객이 편안하게 쉬어 갈 수 있도록 편리함을 주는 인테리어를 꾸몄다. 매장에 앉아 있으면 시골의 한 정자에 있는 듯한 착각이 들 정도로 한국적 디자인을 적극 반영했다.

다음은 스타벅스 400호점인 서울시 종로구 수송동 이마빌딩점이다. 이마빌딩 터에는 원래 조선 시대에 궁중의 말, 가마, 마필, 목장 등을 관장하던 관청인 사복시司僕寺가 있었다. '이마利馬'라는 이름도 '말에게 이롭다'는 뜻으로 역사적 의미가 있다. 터와 말의 인연은 계속 이어져서 일제강점기에는 '경기도 경찰부 기마경찰대'가 이 자리에 들어섰고, 광복 후에는 '서울시 경찰기마대'가 되었다. 이 기마대가 보유하고 있던 말이 130필이 넘고, 경찰관은 150여 명이었다고 한다. 이런 역사를 담아내고자 우리는 《조선왕조실록》을 바탕으로 가장 한국적인 것을 인테리어 소재로 삼았다. 이마빌딩점을 방문해 보면 스타벅스가 아니라 조선 궁궐에 들어와 있는 듯한 착각이 들 정도다.

이 밖에 지원 센터와 같은 건물에 있는 소공동점은 서까래, 기와, 전통 문양이 들어간 문을 소재로 해 한국적 정서를 물씬 풍기는 매장 중 하나다. 천년 고도 경주시에 들어선 경주보문로DT점, 경주보문호수DT점, 경주대릉원점, 경주터미널DT점도 한국적 정서를 곳곳에 녹여 넣었다. 제주서귀포점은 제주의 전통 문화에서 출입문을 의미하는 '정낭'이 설치되어 있고, 인사점, 광화문점, 안국점, 경복궁역점은 한글 간판을 사용하고 있다. 또 소공로북창점에는 황금색 간판이 달려 있다. 원래 소공동은 조선 시대 태종의 둘째 딸 경정공주의 집이 있어 '작은 공주골'이라 하던 데서 소공동이 되었는데, 그런 의미를 황금색 간판으로 표현한 것이다.

인테리어 소품이나 디테일에도 고유의 감성을 담아내기 위해 노력하고 있다. 스타벅스 매장 안에 있는 그림을 잘 살펴보면 매장이 자리 잡은 도시나 마을의 의미를 담아 표현한 것이 많다. 글로벌 기업이 한국에 진출할 때에는 다들 현지화·한국화를 외치지만, 스타벅스는 이런 외국계 기업 중에서도 가장 한국적 시각으로 한국 문화와 감성을 담아내고 있는 기업일 것이다.

한국의 멋을 입은 스타벅스 MD

스타벅스에서 새로 출시하는 'MD^{merchandise}'의 프로모션이 시작되는 첫날 새벽이면 전국 스타벅스 매장 앞에는 고객들의 긴 행렬이 생긴다. 언제부턴가 시작된 이 행렬은 처음에는 SNS를 뜨겁게 달굴 정도로 화제도 낳았고 논란도 일었지만, 이제는 으레 그러려니 하고 당연시한다. 그보다는 '신상' MD를 손에 넣은 기쁨을 사진과 함께 담은 글이 줄을 잇는다.

스타벅스 MD는 음료와 마찬가지로 글로벌 스타벅스에서 개발되고 공급된다. 글로벌 MD는 디자인이나 품질 모두 전혀 손색이 없지만 한국 문화와 정서를 담은 상품은 없었기 때문에 초기에는 한국 고객에게 큰 호응을 얻지 못했다. 그래서 우리는 한국 문화를 담은, 한국인 기호에 맞는 디자인의 MD를 개발하기 위해 디자인팀을 신설했다. 디자인 역량이 우수한 인력을 영입하는 것은 물론, 이들이 최고의 창조력을 발휘할 수 있도록 각종 장비를 갖춘 디자인실을 별도로 설치했다. 열정을 품고 입사한 디자이너들은 초창기부터 역량을 마음껏 발휘해 기존 MD와는 차원이 다른, 한국 역사와 문화의 스토리가 담긴 상품들을 쏟아내기 시작했다.

일례로 2013년 제헌절을 기념해 스타벅스커피 코리아는 '봉산탈춤 텀블러'를 출시했다. 탈춤 고유의 생동감과 사자탈의 해학성을 흑, 백, 청, 적, 황의 다섯 가지 색깔로 연출하고, 방패연, 북, 소나무와 같은 한국 고유의 이미지를 봉산탈춤 장삼 소매의 경쾌한 춤사위에 조화시켜 전동니를 상조했다. 텀블러 하단에는 캘리그라퍼로 유명한 강병인 작가의 필체로 '대한민국'을 새겼다. 이 상품은 한국 디자인진흥원에서 주관하는 '굿디자인' 우수작으로 뽑혔고, 시장은 완판으로 응답했다.

다음 해 삼일절에는 대한민국의 국화國花인 무궁화를 메인 디자인으로 적용한 '무궁화 텀블러'를 3,010개 한정 출시했다. 봉황과 남대문을 비롯한 한국 고유의 이미지를 무궁화와 조화시킨 이 제품은 출시 5시간 만에 완판되었다. 광복절을 맞아 출시한 '무궁화 머그'는 분홍빛으로 화려하게 피어난 무궁화의 세련된 모습과 흰색 무궁화의 단아한 아름다움을 머그 양면에 동시에 표현했다. 무궁화 줄기를 형상화한 머그 손잡이는 순금으로 도금해 고급스러운 느낌을 강조했는데, 이 머그 역시 하루 만에 완판되었다.

한국에서 출시한 MD가 계속해서 완판되자 '해외 원정 텀블러족族'들이 달라지기 시작했다. 이들은 스타벅스 마니아로, 이전까지는 스타벅스 텀블러를 손에 넣기 위해 미국·일본 스타벅스로 해외 원정 쇼핑을 떠나기도 했다. 이들은 SNS와 스타벅스 홈페이지에 '더 이상 일본까지 갈 필요가 없을 것 같다'는 칭찬 글을 올리기 시작했다. 그전까지는 일본의 사쿠라 텀블러에 열광하던 마니아들까지도 '한국 디자인이 더 예쁘다'는 평가를 내릴 정도였다.

시행착오와 난관을 이겨내고 뛰어난 제품을 잇달아 내놓은 한국 디자인팀이 고객에게 큰 호응을 받자 글로벌 디자인팀도 한국을 인정하기 시작했다. 이에 탄력을 받은 한국 디자인팀은 우리 역사와 문화 그리고 한국 고객이 가장 소중하게 생각하는 것을 모티브로 창의적이고 매력적인 MD를 계속해서 출시했다.

2014년 한글날에는 한글을 모티브로 한 세련되고 현대적인 카드 이미지와 한글의 형태적 특별함과 아름다움을 부각한 '한글 머그' 그리고 '한글날 텀블러'를 출시했다. 한글의 우수성을 널리 알림과 동시에 가장 한국적인 것이 가장 세계적일 수 있다는 기본을 바탕으로 창의적인 디자인과 좋은 품질의 제품을 만들기 위해 심혈을 기울였다. 이 텀블러 역시 고객의 뜨거운 사랑을 받았다. 나도 이 '한글 머그'를 지금까지 개인 잔으로 사용하면서 하루에 2잔씩 스타벅스 커피를 즐긴다.

해마다 새해를 여는 1월에는 12간지 중 그 해에 맞는 동물을 모티브로 한 MD를 연속해서 선보였다.

2014년 갑오년 청마 해에는 푸른 바탕에 생동감과 순발력이 느껴지는 목마와 금빛 문양을 넣은 청마 머그와 텀블러를 출시했다.

2015년 을미년 청양 해에는 청양 머그 세트를 출시했다. 희생, 여유, 평화, 정직, 상서로움을 상징하는 귀여운 양의 모습을 청색과 감각적으로 조화시키고 일러스트에는 전통 패턴을, 배경에는 다이아몬드와 반짝이는 별 패턴을 넣어 젊은 소비자의 감성에 맞도록 재해석했나. 청양 머그 세트는 무궁화 텀블러의 5시간 완판 기록을

3시간으로 앞당겨졌고, 국내뿐만 아니라 국제 디자인상까지 수상하는 기쁨을 누렸다.

청양 머그 세트가 출시되었을 때 SNS를 뜨겁게 달구고 신문 기사까지 나온 재미있는 일화가 있다. '청양 머그에 음료를 마시면 태교에 좋다'는 속설이 퍼져서, 곧 출산할 아이가 착하고 산뜻한 청양을 닮기 바라는 예비 엄마들의 수요에, 출산을 앞둔 지인에게 청양 머그를 선물하기 위한 사람들까지 구매를 원하는 바람에 한바탕 소동이 벌어진 것이다. 그야말로 '청양 머그 대란'이라 해도 과언이 아니었다.

팀장들 중에 이 머그를 구해 달라는 부탁 전화를 받지 않은 사람이 없을 정도였다. 나 역시도 디자인팀장과 마케팅팀장을 찾아가 보았지만 단 1개도 구할 수가 없었고, 물류 창고에 역시 단 하나의 머그도 남아 있지 않았다.

2016년 병신년 빨간 원숭이해에는 재주, 장수, 부모 자식 간의 사랑, 부부의 애정을 모티브로 긍정적 에너지를 주는 기운을 담아 재치 있고 열정 가득한 빨간 원숭이 머그와 텀블러를 선보였다.

여심을 흔든 '써니보틀' 시리즈, 밸런타인데이 시리즈 역시 파트너들이 지인에게 제품 좀 구해 달라는 청탁 전화를 수십 통씩 받은 제품이다.

이처럼 글로벌 디자인에만 의존하지 않고 우리 정서와 창의성으로 새로운 콘셉트의 디자인을 개발함으로써 스타벅스는 한국에서도 고객에게 더욱 사랑받는 브랜드로 성장할 수 있었다.

12간지 상품 말고도 매년 새해 고객들에게 '머스트 해브 아이템'으로 손꼽히는 것이 또 하나 있다. 바로 럭키백이다. 럭키백은 한국의 미풍양속을 모티브로 시작되었다. 옛날에는 새해가 밝아오면 이른 새벽 어둠 속에서 골목을 돌아다니며 복조리 장수들이 외치는 소리가 방방곡곡 들렸다고 한다. 그때 각 가정에서는 복조리를 사서 엿이나 성냥, 돈을 담아 방 한쪽 구석에 두거나 대청 벽 한편에 걸어놓던 풍습이 있었다. 조리는 쌀을 담는 도구이고, 복조리는 이 조리에 '복福, 행운' 자를 새겨 넣은 것을 의미한다. 쌀을 담듯이 복을 담는다는 뜻으로 한 해 동안 복되게 살려는 선조들의 간절한 희망이 담긴 훈훈한 풍습이다.

스타벅스는 이런 의미를 살려 '럭키백'을 출시했다. 럭키백에는 최근 2년간 판매되지 않은 다양한 인기 MD는 물론, 새해에 새롭게 출시되는 청양 머그, 붉은 원숭이 머그나 텀블러와 같이 인기 있는 상품도 들어 있다. 럭키백마다 무작위로 무료 음료 쿠폰도 들어 있는데, 쿠폰 수가 백마다 다르기 때문에 운이 좋으면 10만 원 상당의 행운을 잡을 수도 있다. 럭키백이 출시되면 보통 매장 오픈 2시간 만에 매진되고, 인터넷은 스타벅스 럭키백 이야기와 럭키백을 구매한 네티즌들의 '인증샷'으로 뒤덮인다. 새해가 되면 고객들은 행운과 즐거움을 선사하는 럭키백을 설레는 마음으로 기다린다. 단순히 제품을 파는 것에서 그치지 않고 고객에게 행운과 행복이 가득하기를 기원하는 스타벅스커피 코리아의 마음이 럭키백을 통해 닿고 있는 것이다.

음료 한 잔에도
한국의 감성을 담다

고객의 **입맛을 사로잡은**
스타벅스 히트작

스타벅스에서 고객이 가장 많이 찾은 음료는 무엇일까? 아마 많은 사람들이 예상하겠지만 카페 아메리카노다. 그래도 스타벅스는 매년 계절별로 신상품을 출시한다.

그중 가장 인기 있는 음료는 1995년 첫선을 보인 프라푸치노다. 얼음을 갈아 음료와 혼합해 만든 프라푸치노는 살짝 얼린 음료수를 뜻하는 프라페Frappe와 우유 거품을 올린 커피 카푸치노Cappuccino의 합성어로, 믹서에 음료와 얼음을 넣고 돌리면서 만들어지는 거품 때문에 이 같은 이름을 얻었다고 한다.

원래 프라푸치노는 미국 보스턴의 커피 체인점인 '커피 커넥션'의 조지 하웰George Howell이 개발한 것으로, 1994년 스타벅스가 커피 커넥션을 인수하면서 스타벅스 소유가 되었다. 프라푸치노는 출시되자마자 큰 인기를 끌었다. 2011년에는 우유를 일반, 저지방, 무지방은 물론 두유로도 고를 수 있고, 시럽과 커피 양도 원하는 만큼 조절할 수 있는 '나만의 프라푸치노'를 선보였다. 지금은 매장에서 판매되는 프라푸치노가 수십 종에 이른다.

2012년 여름에는 천연 카페인 에너지 음료 리프레셔refresher가 출시되었다. 최상품 아라비카 원두에서 로스팅 이전 단계에 천연 카페인과 기타 에너지 물질을 추출한 '생두 추출액'에, 100% 천연 건조 과일과 얼음을 더해 바리스타가 직접 만드는 것이 리프레셔다. 생두 추출액과 과일 주스에 특별 건조된 라임 슬라이스를 넣고 얼음과 함께 흔들어 제공하는 '쿨 라임'과, 특별 건조된 블랙베리가 통째로 들어가 붉은 빛깔과 달콤한 맛이 돋보이는 '베리 베리 히비스커스' 두 가지를 고객에게 선보였다. 리프레셔는 프라푸치노만큼 큰 인기를 끌지는 못했지만, 후에 이를 기반으로 한 '피지오'가 개발되면서 빛을 발하게 된다.

2013년 초에는 제주산 유기농 녹차로 만든 그린티 라테를 포함해 여러 가지 블렌디드 음료가 출시되었다. 과일을 커피, 티, 요거트 등과 혼합해 만드는데, 딸기 요거트 블렌디드, 애플망고 요거트 블렌디드, 망고 패션프루트 블렌디드, 망고 바나나 블렌디드를 비롯해 수십 가지 블렌디드 음료를 선보였다.

2014년에는 한국 진출 15주년 기념으로 '스파클링 피지오'라는 과일 음료가 출시되었다. 앞서 언급한 리프레셔가 기반이 된 피지오는 생두 추출액과 과일 주스에 특별 건조된 라임 슬라이스를 넣고, '스파클링'이라는 이름답게 탄산을 주입해서 만든 음료다. 시원하고 청량한 맛이 특징으로, 스파클링 강도를 라이트, 미디움, 엑스트라까지 3단계로 조정할 수 있어서 탄산의 톡 쏘는 맛까지도 취향에 맞게 즐길 수 있다.

이어서 리저브 커피도 시장에 선보였다. 앞서 소개한 대로 리저브는 최고의 원두를 갈아 만든 최고의 커피다. 스타벅스는 2016년 말 대대적인 리뉴얼을 실시하면서 리저브 마케팅을 강화하고 있다. 같은 해, 콜드 브루가 시장에 출시되면서 대한민국 전체에 콜드 브루 열풍이 불기도 했다. 속칭 '더치 커피'라고도 하는 콜드 브루는 드립커피처럼 침출浸出식으로 추출하지만, 분쇄한 원두에 '차가운 물'을 조금씩 떨어뜨리는 방식으로 생산된다는 점이 다르다. 14시간이라는 오랜 시간에 걸쳐 한정된 양만 추출되기 때문에 1일 준비된 양만 제공하는 방식으로 판매하고 있다.

이 외에도 스타벅스는 한국에서 카페 아메리카노, 카페 라테, 마키아토, 카푸치노, 카페 모카 같은 기본적인 스테디셀러부터, 돌체 라테, 더블샷, 티 음료, 아포카토에 이르기까지 약 200여 종의 음료를 선보였다. 고객의 입맛에 맞는 새로운 음료를 적시에 출시해 꾸준한 사랑을 받기 위한 노력은 지금도 계속되고 있다.

글로컬라이제이션 음료의 본보기, 문경 오미자 피지오

글로벌 스타벅스 차원에서도 새로운 음료가 꾸준히 개발되고 고객에게 사랑을 받지만, 스타벅스커피 코리아가 한국 고객의 남다른 사랑을 받는 데에는 또 한 가지 비밀 병기가 기여하는 바가 크다. 바로 지원 센터에서 음료 개발을 전담하는 팀이다.

스타벅스의 음료는 미국 시애틀 본사에서 개발해 전 세계로 전달한다. 그런데 오리지널 레시피대로 음료를 만들어보면 한국인의 입맛에는 다소 과하게 강하고 진한 향을 느끼는 경우가 많다. 음료 개발팀은 미국에서 개발된 레시피로 음료를 제조한 후 다양한 방법으로 우리 입맛에 잘 맞을지 테스트한다. 맛이나 향을 조금 가볍게 바꿔보기도 하고, 우유 대신 두유를 넣어보기도 하고, 각 재료의 양을 조절하거나 더 나아가 과일을 넣은 블렌디드로 과감한 변화를 시도하기도 한다. 이와 같이 반복되는 테스트와 개발 과정을 거쳐 한국인의 입맛에 맞게 재탄생한 음료가 한국 시장에 출시된다.

이렇게 자체 개발한 성공적인 음료로 2013년 여름에 출시한 '망고 바나나 블렌디드 주스'를 꼽을 수 있다. 이 과일 음료는 최상품의 바나나와 망고를 섞어서 만든 것으로, 다이어트에 관심이 많은 20~30대 여성 고객들이 특히 선호했다. 망고와 바나나가 들어가 산뜻하고 칼로리도 가벼워서 아침 식사로 제격이었던 것이다. 출시 초기에는 스타벅스 매장에서 매일 아침 바나나 재고 확보 전쟁이 벌어질 정도로 선풍적인 인기를 끌었다.

두 번째로 꼽을 만한 음료는 '체리블라썸'이다. 이름처럼 체리블라썸, 즉 벚꽃을 갈아 넣은 음료다. 독특한 콘셉트는 물론 분홍 빛깔의 꽃잎 모양 첨가제가 보이는 매력적인 비주얼 덕택에 고객의 관심이 폭발했지만, 처음에는 막상 맛을 보니 보기와는 달리 화장품 같은 향이 부담스럽고 첨가제가 잘 녹지 않는다는 혹평을 받았다. 그래도 음료개발팀은 포기하지 않고 개선 작업을 거듭한 끝에 인공적인 향과 단맛을 없앤 버전을 출시했다. 생크림 위에 얹힌 연분홍 꽃잎은 외관뿐만 아니라 맛도 흠잡을 데가 없었다. 고객은 폭발적인 구매로 화답했다. 그들의 수고가 결실을 맺은 순간이었다. 매년 2~3월이면 스타벅스 마니아들은 체리블라썸을 기다린다. 나 역시 ㄱ 마니아 중 한 명이다.

세 번째로 소개할 음료는 '그린티 라테 프라푸치노'로 커피를 좋아하지 않는 고객층이 타깃이다. 스타벅스에서 가장 인기 있는 프라푸치노 콘셉트에, 한국에서 생산된 녹차와 우유를 혼합해 만든다.

하지만 스타벅스커피 코리아의 글로컬라이제이션 전략이 더욱 돋보이는 음료는 따로 있다. 바로 '문경 오미자 피지오'다. 스타벅스에서 개발한 스파클링 피지오에 문경에서 생산하는 특산품 오미자청을 가미해 만든다. 아예 원산지를 이름에 내건 이 음료는 출시 2개월 만에 50만 잔이 팔릴 정도로 폭발적인 인기를 끌어서, 문경 오미자 밸리영농조합에서 계약 물량 이외에 추가로 오미자를 구매해야 할 정도였다. 원래는 한정 음료로 출시했지만 맛도 좋고 고객 반응도 뜨거웠던 덕분에, 이제는 스타벅스커피 코리아의 메인 음료로 자리를 잡았다.

문경에 가면 곳곳에 '스타벅스에는 문경 오미자 피지오가 있지 말입니다'라는 현수막이 걸려 있다. 문경새재를 찾는 관광객들은 스타벅스 문경새재점에 들러 문경 오미자 피지오를 즐긴다. 문경 군민들도 환한 미소와 함께 매장을 방문해 문경 오미자 피지오를 주문하면서 파트너들에게 덕담을 건넨다.

"이 오미자가 어떤 오미자인지 알아? 내가 내 새끼처럼 정성 들여 키운 녀석들이여, 참 맛 좋다!"

문경 오미자 피지오는 〈2016년 결산 대한민국 베스트신상품 대상)에서 '농특산품 음료 부문 대상'을 수상했다. 국내 농업 산업화의 성공 모델로, 또한 글로컬라이제이션의 모범 사례로 정부의 인정을 받은 것이다. 글로컬라이제이션glocalization이란 '글로벌global'과 '로컬라이제이션localization'의 합성어로, 세계화를 추구하면서도 지역의 특색과 강점을 간과하지 않고 둘 사이의 시너지 효과를 내는 것을 뜻한다. 문경 오미자 피지오는 한국의 농특산물과 글로벌 스타벅스가 만들어낸 아름다운 상생의 상징이라고 할 수 있다.

음료 개발의 숨은 공신, 상품 패널단

사실 글로벌 스타벅스의 음료 레시피는 우리가 바꾸고 싶다고 해서 마음대로 바꿀 수 있는 것이 아니다. 엄격한 기준과 본사의 까다로운 심사를 거쳐야만 한다. 특히 음료 개발을 담당하는 미국 본사의 글로벌팀과 파트너의 자존심이 무척 강하기 때문에 어지간해서는 거절당하기 일쑤다. 한국에서 개발된 음료가 다른 국가의 스타벅스에까지 영향을 줄 수 있다는 것이 주된 이유다.

그러나 한국 음료 개발팀은 이 벽을 뛰어넘었다. 한국 고객을 사로잡기 위헤서는 한국인의 입맛에 어울리는 음료를 출시해야 한다고 강조하면서 이를 뒷받침할 수 있는 충분한 음료 실험 결과를 제출하고, 파트너로 구성된 음료 패널단의 상세한 의견도 덧붙여 고객의 예상 반응도 전달했다. 우리의 끈질기고 집요한 노력에 글로벌팀은 두 손 들고 항복했고, 우리를 인정했다. 그리고 그 결과는 단순히 음료 1~2가지의 성공에 그치지 않고 스타벅스라는 브랜드를 한국인에게 브랜딩하는 성공 모델로 자리 잡았다.

이 과정에서 중요한 역할을 한 것은 상품 패널단이다. 많은 기업이 고객 패널단을 운영한다. 충성도가 높은 고객에게 개발 상품에 대한 평가를 받고 입소문으로 제품을 홍보하기 위해서다. 반면 스타벅스는 고객이 아니라 파트너로 구성된 음료 패널단과 푸드 패널단을 두고 있다. 철저한 보안 유지가 가능하고, 매장에서 제품에 대한 고객 반응을 몸소 체험한 연륜 있는 파트너들을 통해 간접적으로 예상 반응을 테스트하는 것이다. 스타벅스에서 최소 3년 이상 경험을 쌓은 부점장, 점장 각각 30명씩으로 구성된 이 패널단에 선발되려면 경력 외에도 매장의 우수한 평가는 필수다. 이들은 대학에서 식품 관련 전공을 했거나, 개인적인 노력으로 전문성을 갖추고 있다.

이들은 무엇보다도 스타벅스에 대한 충성심이 높아 회사에 도움이 된다고 생각하면 쓴소리도 거침없이 할 수 있는 인재다. 또한 다년간 매장에서 까다로운 고객을 수없이 상대하며 몸에 축적된 데이터가 있다. 패널단에서 적극적으로 활동한 파트너는 지원 센터에 인력 충원이 필요할 때 우선 선발되는 기회를 얻을 수도 있으므로 더더욱 적극적으로 임할 동기가 된다.

개발 중인 음료나 푸드에 대한 패널단의 의견이 좋지 않으면 레시피를 변경하면서 추가 개발 및 개선 작업에 들어간다. 물론 패널단의 반응이 좋은 음료나 푸드라고 해도 거기서 개발 작업이 끝나지는 않는다. 강점으로 평가된 부분을 부각할 수 있도록 레시피를 조금씩 추가 또는 조정하면서 최고의 음료와 푸드를 만들기 위해 노력한다. 이런 과정을 여러 차례 반복한 뒤에야 시장에 출시할 제품이 결정된다. 고객의 생각을 누구보다도 더 잘 알고 있는 파트너 패널단의 의견은 추후 제품이 출시되었을 때 거의 정확하게 맞아떨어진다.

이처럼 스타벅스의 신제품은 전문적인 평가 집단의 혹독한 검증을 통과한 후에 세상에 나오므로 고객의 다양한 요구와 입맛에 딱 맞는 상태로 고객을 맞이한다.

광고 없는 스타벅스,
친구 같은 소셜 마케팅

 스타벅스가 대중매체 광고를
하지 않는 이유

　기업은 마케팅 활동으로 기업의 이미지를 전달하고 자사 제품을 브랜딩한다. 가장 보편적인 마케팅 방법은 방송 매체를 통한 광고다. 많은 기업이 고객의 마음을 사로잡을 수 있는 광고를 만들기 위해 거액을 들여 유명 연예인이나 스포츠 스타를 모델로 내세운다. 또한 수십 초의 광고에 수천만 원에서 수억 원의 마케팅 비용을 쏟아붓는다.

　2016년 2월 미국 캘리포니아 주 산타클라라 리바이스 스타디움에서는 미국 미식축구리그NFL계 전통의 명문 덴버 브롱코스와 신흥 강호 캐롤라이나 팬서스 사이의 슈퍼볼 결승전이 열렸다. 미국은 물론이고, 세계를 통틀어 최고의 스포츠 이벤트 중 하나로 손꼽히는 이 경기는 미국 CBS 방송을 통해 전 세계로 생중계되었다. 슈퍼볼 중계에는 글로벌 기업들이 앞다투어 광고를 내보낸다. 자연히 광고료는 상상 초월이다. 2015년 NBC가 중계한 슈퍼볼 광고료는 30초에 최고 500만 달러, 즉 60억 원으로 나타났다. 2016년에는 그보다 더 올랐을 것이다.

한국의 현대자동차도 이 경기에 4편의 광고를 냈다. 경기 전 신규 브랜드를 홍보하는 60초짜리 광고, 슈퍼볼 경기 시작 때 주력 모델인 제네시스 자동차를 홍보하는 60초짜리 광고, 1·2쿼터 경기 중간에 2016년형 올 뉴 엘란트라(한국명 아반떼) 광고 2편을 각각 30초씩 내보냈다. 과연 현대자동차는 이 4편의 광고료로 얼마를 냈을까? 광고 시간대에 따라 광고료는 차이가 있지만 적어도 180억 원 이상을 쓴 것으로 추산된다. 천문학적 비용을 들여 내보낸 4편의 광고 중에는 자동차의 위치 탐지 기능을 이용해 딸의 첫 데이트 감시에 나서는 아버지 이야기를 코믹하게 다룬 제네시스 광고가 있었는데, 미국 유력 신문 〈USA 투데이〉가 실시한 슈퍼볼 광고 인기 조사에서 이 광고가 1위를 차지해 화제가 되기도 했다.

물론 이렇게 돈을 쓰는 데는 광고를 통한 인지도 향상, 그리고 판매율 증가라는 기대가 있기 때문이다. 실제로 미국의 시장조사 기관 브랜드 에즈가 2015년 슈퍼볼 광고를 본 시청자 3만 7,000여 명을 상대로 조사한 결과를 보면 슈퍼볼 광고를 본 후 그 브랜드의 제품을 구매할 의사가 평균 6% 오른 것으로 나타났다. 슈퍼볼에 광고를 내보낸 현대자동차의 북미 시장 판매율도 이에 영향을 받아 증가했을 가능성이 매우 높다.

이처럼 영상 매체 광고는 제품 판매와 직결될 수 있기 때문에 많은 기업이 광고에 비용을 지출한다. 뿐만 아니라 신문, 잡지, 인터넷에도 기업의 제품 광고가 넘쳐난다. 매스미디어 시대에 방송 매체나 언론을 통해 광고를 하지 않으면 기업 생존 자체가 위협받을 수도 있다.

그런데, 당신은 한국에서 스타벅스 기업 이미지나 상품 광고를 본 적이 있는가? 아마도 방송, 신문, 잡지, 인터넷, 옥외 광고판 등 어디에서도 스타벅스를 홍보하는 광고를 보지 못했을 것이다. 스타벅스는 그 어떤 광고도 하지 않는다. 이유는 간단하다. 스타벅스를 설립한 하워드 슐츠는 스타벅스를 집이나 학교보다 더 자유롭고 행복하게 사람들과 만나서 이야기할 수 있는 곳, 혼자서도 편안히 휴식을 취할 수 있는 곳, 일에 얽매이지 않은 채 편안하게 파트너들과 대화를 나눌 수 있는 곳, 즉 제3의 공간으로 만들고자 했다. 그는 이런 개념의 공간을 판매 목적으로 광고하는 것은 이율배반이라고 생각했다. 그래서 스타벅스는 광고를 하지 않는다.

대신 스타벅스 파트너들은 친절한 미소와 부드럽고 편안한 대화로 매장을 찾는 고객에게 즐거움과 행복을 제공하고자 노력한다. 매장 인테리어도 세심하게 설계한다. 호텔 같은 고급스러움과 아늑함을 느낄 수 있는 소파, 고급 주택 서재에나 있을 듯한 원목 테이블을 배치한다. 매장은 천장까지의 높이를 높게 유지하고 샹들리에를 설치한다. 그곳에서 고객은 편안하게 책을 읽고 노트북을 이용해 공부도 한다. 게다가 벽마다 장식된 커피 스토리와 수준 높은 그림은 마치 미술관에 온 듯한 느낌을 준다. 하워드 슐츠가 이야기한 '제3의 공간'과 완벽하게 일치하는 것이다.

 ## 온라인 세상에 꾸민 '제4의 공간'

스타벅스는 홈페이지 또한 마치 매장에 온 것처럼 꾸며 제4의 공간을 제공한다. 스타벅스 공식 홈페이지뿐만 아니라, 트위터, 페이스북, 유튜브, 인스타그램, 앱을 통해 고객은 스타벅스의 다양한 세상을 경험할 수 있다.

인터넷을 통한 제4의 공간 창출은 2001년 미국에서 처음으로 시작했다. 한국에도 SNS가 활성화되기 시작한 2000년대 후반부터 본격적으로 온라인 서비스가 도입되어 스타벅스 홈페이지, 트위터, 페이스북, 유튜브, 블로그, 인스타그램 등 다양한 채널이 운영되고 있다. 2016년 말 기준으로 스타벅스 홈페이지 가입자는 250만 명을 넘어섰다. 트위터는 20만 팔로워에 일평균 5만 건 이상의 리트윗을 기록하고 있다. 페이스북은 65만 명 이상의 팔로워에 '좋아요' 클릭이 90만 명이 넘고, 1건의 뉴스에 500~1만 명까지 반응한다.

각각의 채널에는 특징이나 장단점이 있다. 페이스북은 글의 길이에 제한이 없고 사진이나 동영상을 비롯한 다양한 정보를 함께 올릴 수 있다. 또한 정보에 대한 자신의 생각과 감정을 자유롭게 표현할 수 있다. 특히 수시로 진행되는 '좋아요' 이벤트로 새로운 음료 쿠폰을 증정하거나, 좋은 리뷰를 남긴 고객에게 선물을 증정하는 등 고객과 소통을 해나갈 수 있다.

트위터는 작성할 수 있는 글자 수에 제한이 있다는 단점이 있지만 일대일로 고객을 응대할 때는 편리하다. 그 좋은 예가 작년 여름 SNS에 '군 장병이 되면 좋은 점 11가지'라는 글이 소개된 이후 워마드 등의 커뮤니티를 중심으로 여성 차별 논란이 일어났을 때였다. 워마드 회원들은 스타벅스 트위터, 페이스북을 방문해 "스타벅스 주 고객층은 여성인데 왜 남성이 다수인 군인에게만 무료 커피를 제공하느냐?"라는 취지의 항의 글을 잇달아 올렸다. 또한 홈페이지 '고객의 소리'에 200건이 넘는 항의 메일을 보냈다. 심지어 일부 누리꾼들은 트위터에 '군무벅스', '군타벅스'라는 해시태그를 다는가 하면, 스타벅스 불매운동까지 주장했다.

스타벅스는 트위터를 통해 군인 무료 커피 제공 행사에 클레임을 제기한 고객과 일대일 대화를 시도했다. 마치 친구와 이야기하듯 소통을 이어갔고, 고객들은 스타벅스가 문제를 회피하지 않고 솔직하고 신뢰감 있게 대화하는 모습을 보고 불만을 해소했다.

이처럼 SNS는 정보가 모두에게 공개되고 집단적인 행동이 쉽다는 점에서 기업에게 애로 사항이 있지만, 공개적으로 신뢰를 유지하며 고객과 소통을 해나간다면 오해를 풀 수 있을뿐더러, 전화위복으로 두터운 신뢰를 쌓을 수 있다는 장점이 있다.

한편 스타벅스 유튜브는 5,000명 이상의 고객이 구독하고 있다. 스타벅스는 유튜브를 통해 새로 출시한 스타벅스 제품과 파트너들이 참여하는 사회봉사 활동을 소개한다. 종종 매장 오픈 소식을 전하기도 한다. 이 중 고객에게 가장 인기를 누리는 영상은 '2015년 스타벅스 플래너'로 약 14만 명이 감상했다. 이 영상은 스타벅스 전국 명소 12개 매장을 방문할 경우 선물을 증정하는 이벤트인 스탬프 투어 프로그램을 다루고 있다. 2위는 '흩날리는 벚꽃 사이 숨겨진 서프라이즈'로 벚꽃을 재료로 만든 체리블라썸 프라푸치노를 소개한 영상이다. 3위는 '2016년 스타벅스 플래너', 4위는 '스타벅스 실버카드', 5위는 '사이렌 오더'가 차지했다. 스타벅스 블로그는 약 1만 9,000명이 이웃으로 추가되어 있으며, 총 방문 횟수는 170만 건에 이른다.

이와 같이 스타벅스 소셜 마케팅이 성공할 수 있었던 것은 광고에 노출된 소비자의 반대 심리를 자극했기 때문이라고 볼 수도 있다. 고객은 광고에서 찾아볼 수 없는 스타벅스에 대해 "너네는 왜 광고 안 해?", "너희는 뭔데?"라는 강한 자극과 궁금증을 품고, 이를 해결하기 위해 스타벅스의 소통 채널을 찾게 된다. 그리고 그곳에서 생각 이외의 즐거움과 행복을 느낀다. '오늘은 어떤 내용이 올라올까?' 하는 고객의 호기심을 끊임없이 자극하는 것이다. 또한 SNS는 광고와 달리 본인이 직접 참여해 의견을 공개적으로 전달하면서 존재감과 만족을 찾을 수 있고, 본인의 선택에 따라 익명으로 질문을 하고 답변을 받는 대화가 가능하다는 점도 효과를 낸 것으로 보인다.

이 같은 성공 뒤에는 역시 스타벅스 SNS를 담당하는 파트너가 있다. 일반적으로 기업에서 SNS 담당자를 구할 때는 마케팅 홍보 방면의 전문가나 경력자를 찾는다. 하지만 우리는 생각이 조금 다르다. SNS 담당 파트너는 모두 스타벅스 바리스타로 입사해 수년 간 매장에서 근무한 경험이 있는 사람들이다. 모두 음료를 만들 줄 알고 매장의 모든 상황을 이해한다. 특히 스타벅스의 고객 서비스

마인드가 몸에 배어 있다. 서로 얼굴을 볼 수 없는 온라인에서도 고객의 입장에서 의견을 듣고 친구처럼 소통할 수 있었던 데는 이런 경험과 이해가 크게 기여했다. 이들 파트너 덕분에 스타벅스의 소셜 마케팅은 고객의 마음을 성공적으로 사로잡았던 것이다.

———————————— 스타벅스, 공간을 팝니다 ————————————

2장

미션 1
1등 브랜드에는
1등 서비스가
있다

고객 서비스 원칙,
저스트 세이 예스 Just Say Yes!

 무조건 Yes가 아닌 합리적 Yes를

한국에서는 날마다 50만 명 이상의 고객이 스타벅스 매장을 방문한다. 고객 1명당 주문하는 음료와 푸드, MD의 평균 상품 수를 1.5개 정도로 보고 추산하면 하루에 약 75만 개나 되는 상품이 판매된다. 하지만 스타벅스 매장 어느 곳을 가더라도 주문이 지연되거나 음료 제공이 늦어 고객이 불편해하는 모습은 거의 찾아볼 수 없다. 오히려 파트너의 진심에서 우러나오는 서비스에 감동한 고객들이 홈페이지 고객의 소리를 찾아 파트너를 칭찬하는 글을 남긴다.

그렇다면 전국 1,000여 개의 스타벅스커피 코리아 매장에 흩어져 있는 1만 명의 파트너가 똑같이 빠르고 정확한 서비스를 제공할 수 있는 비결은 무엇일까?

스타벅스는 파트너와 고객의 첫 만남이 이루어지는 POS에서, 음료 제조와 전달, 더 나아가 매장에 있는 고객을 응대하는 방법 그리고 고객이 매장을 떠나는 순간까지 예상할 수 있는 거의 모든 상황에서 표준화된 고객 서비스를 제공할 수 있도록 글로벌 서비스 프로그램을 운영하고 있다. 이를 서비스 베이직Service Basic이라고 한다. 모든 파트너는 선임 파트너에게 베이직 프로그램을 철저하게 배우고 실습 과정을 거치며 몸에 익힌다. 베이직 과정을 이수하지 못한 파트너는 절대 고객을 상대하지 못한다. 그래서 고객들은 모든 매장에서 똑같은 서비스를 제공받는다.

또한 '저스트 세이 예스Just Say Yes'라는 서비스 법칙이 있다. 말 자체만 보면 고객의 요구에 무조건 "네, 도와드리겠습니다"라고 응해야 한다는 뜻으로 해석될지 모르지만, 실제로는 의미가 조금 다르다. 이 원칙은 무조건적인 Yes가 아니라 원인을 분석해 고객의 클레임을 합리적으로 해결하는 데 중점을 둔 서비스를 뜻한다. 만약 고객이 무리한 요구를 할 경우 무조건 "No, 안 됩니다. 고객님 죄송합니다" 하고 대응하는 것이 아니라, 안 되는 이유를 정중하게 설명하고 고객이 납득할 수 있도록 해결하라는 것이다.

"그렇다고 해결이 되나요? 고객은 화가 나서 물불 가리지 않으시고 말씀하시는데……" 하고 반문할 수도 있지만, 스타벅스는 '저스트 세이 예스' 원칙을 파트너들이 쉽게 이해하고 실행할 수 있도록 교육한다. 과거 발생한 고객의 클레임을 상황별로 정리하고 이를 해결했던 방법과 표준화된 원칙을 알려주기 때문에 파트너는 비슷한 상황에 바로 대응할 수 있다.

예를 들어 매장에서 뜨거운 라테 음료를 주문한 고객이 잠시 후에 다시 와서 책을 보다 보니 라테가 다 식어버려 마실 수가 없으니 다시 데워달라는 요구를 한다. 이럴 경우 어떻게 대응하는 것이 가장 적절한 서비스라고 생각하는가? "네, 고객님. 잠시만 기다리세요. 다시 데워드리겠습니다"라고 해야 할까? 서비스 원칙을 이해하고 있는 파트너는 다음과 같이 고객과 문제를 풀어나간다.

파트너	고객님, 라테를 다시 데우면 우유가 변질되어 위생상 문제가 생길 수 있습니다. 그래서 다시 데워드릴 수가 없습니다.
고객	아니 이렇게 비싸게 받아놓고 데워주는 것도 안 된다고 하는 거예요? 너무한 거 아니에요?
파트너	고객님의 위생상 안전을 위해서 라테를 다시 데우지 못하는 이유를 말씀드렸습니다. 그렇지만 주문하신 음료를 하나도 드시지 못하셔서 저희도 안타깝습니다. 그래서 새로운 라테 음료를 다시

만들어드리겠습니다.

고객   아니, 진짜 새로 만들어준다고요? 아, 너무 감사합니다!

파트너   아닙니다, 고객님. 항상 저희 스타벅스를 방문해 주셔서 감사합니다. 고객님, 새로 만든 라테입니다. 즐거운 시간 보내십시오.

    기대하지 않았던 서비스를 받은 고객은 흡족한 표정으로 음료를 받는다. 파트너의 친절에 무척 기분이 좋아 보인다. 이 고객은 앞으로도 스타벅스를 찾지 않을까? 스타벅스 파트너에게는 사이렌 임파워먼트Siren's Empowerment라는 원칙을 실행할 수 있는 권한이 있다. 이는 고객의 클레임을 받았을 때, 파트너가 현장 상황을 판단해 고객에게 '땡큐 쿠폰'이라는 무료 음료 쿠폰을 발행해 음료를 제공할 수 있는 권한이다. 위의 파트너는 이 원칙을 사용한 것이다. 또 다른 상황을 살펴보자.

고객   저 무료 음료 쿠폰 사용할게요. 라테 한 잔 주세요.

파트너   네, 고객님 도와드리겠습니다. 무료 쿠폰 보여주시겠어요? ……
아, 고객님 이 쿠폰은 유효기간이 경과한 쿠폰이라 사용이 어렵습니다. 죄송합니다.

고객   아니, 그럼 안 되는 거예요? 매장에 올 시간이 없어서 유효기간이 시난 섯노 몰닸네요. 아 속상해.

파트너   고객님, 비록 이 쿠폰의 유효기간은 경과했지만 저희 스타벅스
         매장을 이렇게 바쁜 시간을 내서 방문해 주셨으니까 대신 땡큐
         무료 쿠폰을 발행해 음료를 준비해 드리겠습니다.

고객   아 정말요? 진짜 기분 좋네요. 맛있게 마실게요!

이번 경우에도 사이렌 임파워먼트 원칙에 의해 파트너의 판단
으로 무료 음료 쿠폰을 발행하고 서비스를 제공했다.

그렇다고 모든 상황에서 '땡큐 쿠폰'을 발행할 수 있는 것은 아니
다. 고객의 클레임이 아무리 심하더라도 절대 서비스를 제공할 수
없는 다음과 같은 다섯 가지 예외 조항을 두고 있다.

1. 고객의 신체적 손상을 발생시킬 수 있는 위생 문제일 경우
2. 파트너와 고객의 안전을 위협할 수 있는 경우
3. 서비스의 제공이 법적 사항을 위배하는 경우
4. 스타벅스의 기본 정책을 위반해야 하는 경우
5. 블랙컨슈머의 무리한 요구로 판단되는 경우

예를 들어 뜨거운 음료를 주문한 고객이 아이스 음료를 담는 컵
에 음료를 다시 담아달라고 요구한다면 파트너는 고객의 요구를
들어줄 수 없다. 뜨거운 음료를 아이스용 컵에 담으면 컵이 녹아내

스타벅스, 공간을 팝니다

리거나 컵 표면이 뜨거워져 고객이 화상을 입을 가능성이 있기 때문이다. 이런 경우에는 일단 고객의 소리를 귀 기울여 듣고 난 후 아이스 컵에 담았을 때 일어날 수 있는 안전사고를 잘 설명해 고객을 충분히 납득시켜야 한다.

다른 예를 살펴보자. 갑자기 여성 고객 한 분이 파트너에게 다가와서 다급한 목소리로 말한다.

고객　잠깐 화장실 다녀온 사이에 테이블에 있던 제 지갑이 없어졌어요. 도둑이 누구인지 확인하게 CCTV를 보여주세요.

파트너　고객님, 지갑을 잃어버리셔서 얼마나 상심이 크세요. 그렇지만 저희가 임의로 CCTV를 보여드릴 수는 없습니다. 다른 고객님들의 모습이 CCTV에 잡히기 때문에 개인 정보와 사생활 노출 등 법에 위반되는 사항입니다. 우선 경찰서에 신고하세요. 신고를 하신 다음 경찰관을 대동해서 매장을 방문하시면 경찰관 입회하에 CCTV를 보여드릴 수 있습니다.

고객　아 그렇군요. 고마워요. 제가 잘 몰라서 그랬어요, 빨리 경찰서에 다녀올게요.

지갑을 잃어버린 다급한 상황이지만 다른 고객의 정보를 노출히는 것은 개인징보보호법 위반 사항이기 때문에 고객의 요구를 들어줄 수 없다. 대신 정중하고 충분한 설명으로 고객의 이해를 구해야 한다.

매장에서는 상황에 따라 다른 판단을 내려야 한다는 경우가 많기 때문에 상황별 파트너 교육이 철저하게 이루어지지 않으면 혼란이 생길 수 있다. 그래서 파트너가 결정한 서비스 제공 결과를 POS에서 처리하고 그 결과를 저장하도록 한다. 근거 없는 임의 서비스 제공을 용인하면 매장에 따라 서비스 기준이 달라지기 때문이다. 스타벅스커피 코리아는 이렇게 저장된 데이터를 근거로 상황별 파트너 서비스 원칙을 재정의하고 파트너들이 체득할 수 있도록 끊임없이 교육한다.

이처럼 '저스트 세이 예스'라는 서비스 원칙은 모든 매장의 파트너 서비스 역량을 표준화해 고객에게 동일한 서비스를 제공하는 것을 목표로 하며, 그 결과는 고객 만족으로 귀결된다.

솔직한 고객의 소리를 듣기 위한 스타벅스의 노하우

좋은 고객 서비스를 위해서는 고객의 생각을 듣는 것도 중요하다. 많은 기업이 각종 설문 조사를 통해 제품과 서비스를 사용해 본 소감을 수집하기도 하고, 고객의 불만이나 질문을 접수하는 온라인 또는 오프라인 고객 센터를 운영하기도 한다. 그런데 스타벅스는 조금 독특한 방식으로 고객의 소리를 듣고 있다.

"어, 무료 음료 쿠폰을 주신다고요?"

"네, 고객님. 무료 음료 쿠폰에 당첨되셨습니다."

스타벅스의 각 매장에서는 매일 하루에 1장에서 3~4장까지 무료 음료 쿠폰이 발행된다. 고객이 주문을 마치면 영수증이 출력되는데, 이때 무료 쿠폰이 무작위로 제공된다. 파트너도 언제 쿠폰이 나오는지 알 수가 없다. 당첨된 고객은 로또에 당첨된 듯이 기뻐한다. 우리는 이것을 고객의 소리Customer Voice, 줄여서 CV라고 한다.

CV는 글로벌 스타벅스 서비스 프로그램이다. 보통은 설문조사에 응하면 사은품을 주는 식이지만, 스타벅스는 먼저 무료 음료 쿠폰을 제공하고, 그 조건으로 고객이 스타벅스 매장을 이용한 후 느낀 소감을 간단히 답하게 한다. 이렇게 무작위로 접수된 고객의 의견을 데이터화하고 분석해, 매월 국가별·매장별 서비스 수준을 점검하고 개선토록 한다. 이 프로그램은 2005년 처음 도입되었고, 한국에서는 2010년 4월부터 시작되었다.

CV 쿠폰을 발급받은 고객은 쿠폰에 표기된 스타벅스 홈페이지 고객의 소리에 접속해 설문 참여 코드를 입력하고, 7개 객관식 설문 문항에 답변하면 된다. 3분 안에 설문을 마칠 수 있으므로 큰 부담은 없다. 설문을 완료하면 무료 음료 쿠폰 ID가 부여되고, 고객은 이 ID로 스타벅스 매장에서 무료 음료를 제공받을 수 있다. 설문 내용은 간단하다.

1. 스타벅스 파트너가 당신을 알아보기 위해 노력했습니까?
2. 적절한 시간에 주문이 이루어지고 음료가 제조되었나요?
3. 기대하신 것보다 스타벅스의 모든 사항에 만족하십니까?
4. 주문을 제대로 받았나요?
5. 음료의 맛은 어떠셨나요?
6. 푸드의 맛은 어떠셨나요?
7. 매장의 청결 상태는 어떠셨나요?

고객은 매우 만족부터, 보통, 불만족에 이르기까지 총 7단계의 객관식 보기 중에 1개를 선택해 답변한다. 그리고 스타벅스에 전달하고 싶은 의견이 있으면 서술식으로 작성한다. 이 설문의 핵심은 첫 번째 질문이다. 스타벅스는 고객이 매장에 들어오는 순간부터 고객과의 소통을 가장 중요시한다. 고객이 매장을 방문했을 때 얼마나 친절하게 고객을 맞이하고 잘 기억해 친구처럼 편안하게 대했는지 여부가 곧 스타벅스를 찾은 고객에게 제3의 공간을 제공한다는 스타벅스의 사명을 실천한 것이라고 정의한다. 스타벅스는 이런 CV 결과를 매장별로 점수화한다.

예를 들어 A라는 매장에서 하루에 1장씩 한 달 동안 30장의 CV 쿠폰이 발행되고 모든 고객이 설문에 응했다고 가정하자. 설문에 참여한 고객 중 20명의 고객이 첫 번째 질문인 '스타벅스 파트너가 당신을 알아보기 위해 노력했습니까?'에 '매우 만족'한다고 답변을 한다면, A 매장의 이달 CV 점수는 $(20 \div 30) \times 100 = 66.6$점이 된다. 만약 다음 달에 22명의 고객이 첫 번째 질문에 매우 만족이라고 답변한다면 이달의 CV 점수는 $(22 \div 30) \times 100 = 73.3$점이 된다. 즉, A 매장의 고객 만족도는 전달 대비 6.7%가 상승되었다고 판단한다.

스타벅스는 2010년 이후 꾸준하게 CV 점수를 관리하고 있다. CV는 매장·지역별로 누적해 관리하고 개선 활동을 전개한다. 만약 CV 쿠폰이 발행된 고객에게 과잉 친절을 베푼다거나, '매우 만족'으로 선택하도록 유도하거나, 이를 조건으로 추가 음료를 제공하는 경우에는 윤리위반사항으로 철저하게 징계를 내린다. 그래서 CV 쿠폰이 발행되었을 때 고객 평가가 왜곡되어 반영될 확률은 매우 낮다. 그럼에도 각 매장의 CV 점수는 생각보다 상당히 높은 점수를 유지한다. 월평균 90점 이상의 점수를 받는 매장이 100개점이 넘는다. CV 점수 90점이란 30명의 고객 중 27명이 '매우 만족'을 선택했다는 의미다. 고객이 진심으로 파트너에게 감동받지 않았다면 감히 줄 수 없는 점수가 아닐까 생각한다.

물론 사람인 이상 CV 쿠폰이 나왔을 때 그 고객을 100% 의식하지 않는다고 볼 수는 없겠지만, 파트너들의 진심 어린 서비스는 늘 고객의 마음을 움직인다. 스타벅스는 파트너 스스로가 스타벅스에 대한 애정이 없다면 근무하기 쉽지 않은 곳이다. 스스로 스타벅스를 즐길 수 있어야 한다. 그래야 편안한 미소로 고객에게 한 잔의 커피에 담긴 행복을 전해 줄 수 있다.

스타벅스 매장을 방문해 보라. 아마도 당신의 이름을 기억하는 파트너가 있지 않았는가? 당신에게 친절한 미소로 인사를 하는 파트너가 있지 않았는가? 파트너의 말 한 마디 한 마디에서 편안함과 행복을 느껴보지 않았는가? 만약 파트너들이 CV 점수를 의식해 가식이 담긴 서비스를 제공했다면 고객은 바로 그 부담스러움을 알아차릴 것이다.

한편, 고객의 소리로 접수된 칭찬, 불만, 기타 의견 역시 소중하게 처리된다. 고객의 불만은 DM^{District Manager, 지역관리자}가 세부 사항을 확인해 파트너 교육, 매장 청결 유지와 같은 개선 활동을 실시한 후, 그 결과를 고객에게 전달한다. 만약 파트너의 서비스를 칭찬하는 의견이 들어오면, DM은 매장을 방문해 점장과 모든 파트너 앞에서 해당 파트너에게 '5Be 카드'를 제공하고 축하한다. 5Be 카드는 '환영^{Be Welcoming}, 감동^{Be genuine}, 배려^{Be considerate}, 지식^{Be knowledgeable}, 함께^{Be involved}'라는 의미의 작은 칭찬 카드로, 파트너의 수고를 격려하는 도구다. 카드를 많이 받은 파트너는 추후 모범 파트너로 선발되어 시애틀 스타벅스 지원 센터 방문 기회를 얻기도 한다.

또한, 'Nono VOC Voice of Customer 365'라는 서비스 강화 프로그램도 운영한다. 매장 단위별로 고객의 불만 VOC를 받지 않은 날에는 녹색 스티커를, 받은 날에는 빨간 스티커를 표기해 관리한다. 파트너 개인에 대한 클레임 관리가 아니라 매장 단위 관리를 통해 팀워크를 강조한다. 1년 동안 단 1건의 클레임도 받지 않는 매장이 수백 개가 넘는다. 일정 기간 클레임이 없으면 점장을 중심으로 파트너들끼리 축하 자리를 마련하기도 한다. 파트너 서로서로 축하하고 칭찬하는 것이다.

이 같은 팀워크 문화는 파트너 간 소통을 활성화하고 단체 구기 게임을 하듯이 흥미진진한 매장 운영을 하게 한다. 일을 하는 것이 아니라 게임을 즐기는 듯한 문화가 조성되어 그 즐거움이 고객에게 전해진다. 이런 기분 좋은 바이러스를 받고 싶은 고객은 더욱 자주, 더욱 많이 스타벅스의 문을 두드린다.

한 분의 고객,
한 잔의 음료,
우리의 이웃에 정성을

 ## 이웃 봉사 현장이 된 스타벅스 점장 회의

'인간의 정신에 영감을 불어넣고 더욱 풍요롭게 한다. 이를 위해 한 분의 고객, 한 잔의 음료, 우리의 이웃에 정성을 다한다'. 스타벅스커피 코리아 지원 센터 로비인 사이렌홀Siren Hall에 부착된 스타벅스 사명선언서의 내용이다. 사이렌홀을 방문하면 누구나 먼저 발견할 수밖에 없는 위치에 배치된 이 사명선언서처럼, 스타벅스는 고객에게 제3의 공간을 제공하고 이웃에게 공헌하는 활동을 파트너가 당연한 의무로 여기도록 교육하고, 전사적 사회공헌 활동을 실천한다.

2008년 1월, 위기에 봉착한 스타벅스를 살리기 위해 경영 일선에 복귀한 하워드 슐츠는 가장 먼저 스타벅스의 존재 이유를 재정립했다. 주요 스태프들과 8주간 논의와 논쟁을 거듭한 끝에 지금의 스타벅스 사명선언서가 탄생한 것도 바로 이때다. 하워드는 전 세계 각지의 리더 200명을 시애틀로 불러 최고위원회 회의를 개최했다. 회의에 참가한 모두가 스타벅스 사명이 적힌 종이에 자신의 이름을 적어 사명 실천을 결의했고, 그때부터 스타벅스 사명은 전 세계 스타벅스와 25만 명의 파트너에게 퍼져나갔다.

2008년 10월, 하워드 슐츠는 미국 남부 뉴올리언스에서 미주 지역 점장 회의를 개최하기로 결정했다. 이 회의는 참석 인원만 해도 1만 명이나 되고, 이들 모두가 닷새 동안 체류하는 큰 행사였다. 그는 여러 후보 도시를 검토한 끝에 뉴올리언스를 개최 도시로 최종 확정했다. 뉴올리언스는 커피를 미국에 들여온 최초의 항구라는 역사적 의미도 있었지만, 당시 미국 역사상 가장 치명적인 허리케인으로 도시 전체가 폐허로 변한 상태였다. 도시의 80퍼센트가 물에 잠기고 2,000명이 넘는 사람들이 목숨을 잃었다. 10만 그루가 훨씬 넘는 나무가 유실되었고, 수많은 주택과 학교가 무너졌으며 생계 수단 자체가 파괴된 상태였다. 이 황폐한 도시에서 도대체 무슨 회의를 할 수 있단 말인가? 그럼에도 하워드 슐츠는 '우리의 이웃에 정성을 다한다'는 스타벅스의 사명을 적극적으로 실천하고 이를 전 세계 파트너에게 전파하기 위해 뉴올리언스를 최종 개최지로 결정했다.

점장 회의에 참석하기 위해 파트너 1만 명이 미국 전역에서 50대가 넘는 전용 비행기를 나눠 타고 뉴올리언스 공항에 도착했다. 수해로 텅텅 비어 있던 뉴올리언스 38개 호텔이 스타벅스 파트너로 가득 찼다. 호텔 연회장과 수백 개의 레스토랑에서 날마다 3만 3,000명분의 식사를 주문했다. 또한 이 5일 동안 날마다 2,000명의 파트너가 돌아가면서 수해 복구 작업에 참여했다. 하워드 슐츠는 수해 복구를 위해 미리 100만 달러어치의 피해 복구 장비를 주문해 가져왔다. 이 장비들을 이용해 파트너들은 거리에 쌓여 있는 쓰레기를 치우고, 울타리에 페인트칠을 하고, 벽화를 그리고, 나무를 심었으며, 부서진 주택을 수리했다.

이런 스타벅스의 대대적인 봉사 활동은 전 미국인에게 감동을 주었다. 더 많은 자원봉사자들이 뉴올리언스로 몰려들었다. 마침내 거리로 내몰렸던 주민들은 복구된 집으로 돌아갈 수 있었다. 작은 실천 하나가 미국인 전체를 움직이는 큰 물결을 일으킨 것이다. 스타벅스는 뉴올리언스에서의 점장 회의와 봉사 활동으로 많은 비용과 시간을 지불했지만, 미국인의 가슴에 뜨거운 감동을 준 기업으로 브랜딩되었다. 이 감동이 스타벅스가 재기하는 데 가장 큰 힘이 되었음은 말할 나위가 없다. 스타벅스의 사명 실천 경험은 전 세계 스타벅스 리더와 점장 들에게 고스란히 전파되었다. 이 일을 계기로 모든 국가의 점장 회의 개최 도시는 도움의 손길이 필요한 곳, 파트너들이 봉사 활동을 통해 스타벅스 사명을 실천할 수 있는 곳을 최우선으로 선정하는 조직 문화가 정착되었다.

한국도 3년마다 정기적으로 개최하는 점장 회의에 약 1,200명의 리더와 점장 들이 참석한다. 3일간 진행되는 점장 회의에서는 점장들 간의 경험 공유, 크리스마스 프로모션 행사 소개, 커피 앰배서더 선발 행사와 같은 다양한 프로그램이 진행된다. 행사 기간 내내 스타벅스 커피와 음료, 푸드 그리고 호텔에서 제공하는 스페셜 디너 이외의 음주 문화는 일절 없다. 대신 회의 마지막 날 오후에는 전 파트너가 참여하는 봉사 활동이 있다. 지역사회 발전을 위한 사회 공헌 기금을 전달하는 행사도 함께 개최한다. 이 봉사 활동은 파트너들이 가슴속에 스타벅스의 사명을 깊이 간직할 수 있는 좋은 계기가 된다.

또한 스타벅스는 신규 매장을 오픈할 때마다 지역사회에 공헌하는 행사를 정례화해 시행하고 있다. 초록우산 어린이재단과 연계해 매장 오픈 첫날 머그잔을 구매하는 고객에게 혜택을 주고, 수익금 전액을 지역사회에 기부하는 것이다. 매년 전국 100여 개 신규 오픈 매장에서 이 행사가 진행된다. 뿐만 아니라 전국의 파트너들은 자체적인 봉사 계획을 수립해 지역 내 거주하는 독거노인을 돌보거나 환경 정화 활동에 참여하기도 하고, 커피 지식을 '재능 기부' 하는 등 다양한 방법으로 봉사한다.

 ## 청년에게 희망을, 커뮤니티 스토어

2014년 10월, 스타벅스는 미국, 태국에 이어 세계 8번째로 한국의 서울 홍익대학교 대학로 캠퍼스 1층에 스타벅스 커뮤니티 스토어를 오픈했다. 커뮤니티 스토어는 고객이 구매하는 커피, 음료, 푸드, 텀블러 등 모든 상품당 300원의 기금을 조성한다. 이 기금은 초록우산 어린이재단에 전달되어 한국의 미래를 이끌어 갈 젊은이들을 위한 '청년 인재 양성 프로그램'에 사용된다.

대학로에 있는 커뮤니티 스토어를 방문해 보면 홀 중앙 벽면에 다음과 같은 문장이 새겨 있다. 'We believe in the potential of the tiny bean우리는 작은 원두의 잠재력을 믿습니다'. 이 문장을 만들고 디자인한 주인공들도 사실은 초록우산과 스타벅스커피 코리아가 함께 선발한 청년 인재 양성 프로그램의 학생들이다. 지금도 이 프로그램의 후원을 받고 있는 학생들은 힘들 때마다 매장을 방문해 본인이 직접 만든 '작은 원두의 잠재력'이라는 글귀를 보며 힘을 낸다고 한다.

2016년에는 이 프로그램의 지원을 받고 있는 김주희 학생이 아시아 지역 스타벅스 리더십 포럼에 참석해 어려운 경제 환경 속에서도 작은 원두의 잠재력을 믿고 열심히 공부하고 훌륭한 인재로 성장하겠다는 의지를 수백 명의 리더 앞에서 발표했다. 김주희 학생의 발표는 스타벅스 리더들을 감동시켰고, 뜨거운 박수 소리는 그 큰 강당을 가득 메우고도 남았다.

나 역시 2016년에 초록우산 어린이재단이 주관하는 청년 인재 장학생 선발 면접에 참여한 적이 있다. 여러 면접이나 심사 과정에 참여해 보았지만, 이때만큼 안타까운 선발 면접은 처음이었다. 보통은 서류 전형, 인성 및 적성검사와 같은 단계를 거친 우수 후보자들을 대상으로 하위 신청자를 탈락시키고 남은 인력을 최종 선발한다. 하지만 이번 면접은 차마 참여한 학생을 떨어뜨릴 용기가 나지 않았다. 후보 학생 모두가 너무나 어려운 저소득층 가정의 학생들이었다. 하루하루 끼니 걱정을 해야 하는 학생도 있었다. 거주할 집이 없어 위탁 시설, 먼 친척, 심지어 임시 보호 장소를 제공한 사회복지가의 집에서 머무르는 학생들도 있었다. 부모님이 모두 세상을 떠나 어린 동생들까지 책임지면서 거처를 옮겨 다니는 학생 가장도 있었다.

그러나 이들 모두는 꿈을 잃지 않고 독학으로 열심히 공부해 남들이 부러워하는 대학에 입학한 재능 있는 학생들이었다. 또한 천사가 따로 없을 만큼 모두 심성이 고왔다. 그러니 누굴 탈락시킨단 말인가? 정말 작은 원두의 잠재력을 믿고 싶은 순간이 아닐 수 없었다. 스타벅스의 작은 원두 하나하나가 모여 이 세상을 행복한 곳으로 바꿀 그날을 기대해 본다.

한편 2016년 여름, 브라질 리우데자네이루에서 열린 하계올림픽 펜싱 에페 개인 결승전에서 한국 선수는 단 1점만 더 빼앗겨도 패배하는 상황에 몰렸다. 절체절명의 순간에 '나는 할 수 있다, 나는 할 수 있다'는 말을 되새기며 마지막까지 포기하지 않은 검객이 있었다. 결국 5점이라는 점수 차를 극복하고 극적인 역전승으로 금메달을 목에 걸어 온 국민에게 벅찬 감동과 희망을 안겨준 주인공, 바로 박상영 선수다. 박 선수는 많은 사람에게 포기하지 않는 신념과 불굴의 의지로 감동을 주었다. 이때 언론에서는 박상영 선수에 대해 보도하면서, 초록우산 어린이재단의 인재 양성 지원 사업인 '초록우산 아이리더'를 소개했다.

이 사업은 재능은 있지만 경제적 여건이 어려워 꿈을 펼치지 못하는 젊은 인재를 육성하는 초록우산의 사업 중 하나다. 박상영 선수는 인터뷰에서 초록우산 아이리더에서 지원받은 장학금으로 펜싱 장비를 구입하고 무릎 치료를 받아 이 자리에 섰다고 밝혔다. 이 사업에 쓰이는 기금을 지원하는 곳 중 하나가 바로 스타벅스 커뮤니티 스토어다. 스타벅스커피 코리아와 초록우산은 재능은 있지만 가정 형편이 어려워 꿈을 펴지 못하는 많은 젊은이를 위해 기금을 조성하고 전달한다. 이 기금은 고객의 참여에서 시작해 고객에게서 끝나는 것이다.

스타벅스커피 코리아는 교육 기부 국제 비영리단체NGO인 JA Junior Achievement와 함께 청소년 진로 교육 프로그램 사업도 전개하고 있다. JA코리아에 교육 기금을 전달하고, 스타벅스 파트너가 참여하는 재능 기부 봉사 활동을 동시에 실시한다. 매년 30개 이상의 특성화 고등학교를 방문해 '스타벅스 경험과 바리스타 직업 소개'를 주제로 특강을 하고, 스타벅스 파트너가 직접 이력서 작성, 모의 면접, 사회 활동에 대해 현실적인 조언까지 해준다. 학생들의 사회 진출을 돕기 위한 이 프로그램은 점차적으로 그 방문 학교 수를 늘려나가는 중이다.

청년들의 창업을 돕는 프로그램도 있다. '스타벅스 창업카페'는 미래창조과학부가 선정한 창업가 등의 멘토들이 창업 희망 대학생들을 상대로 강의와 상담을 할 때 장소와 음료를 제공하는 프로그램이다. 스타벅스 대학로점, 건대입구점, 신촌명물거리점, 광운대점에는 커피와 함께 세미나를 할 수 있는 별도의 커다란 룸이 조성되어 있다. 매장별로 차이는 있지만 보통 매주 월요일에서 목요일 오후 7시에 세미나가 열린다. 스타벅스커피 코리아는 창업카페를 전국 대학기로 점점 넓힌다는 계획이다.

좀 더 수혜 범위를 확대해 소외된 청소년, 장애인, 노인 들이 운영하는 지역사회의 낡은 카페를 스타벅스 바리스타와 협력사가 함께 방문해 시설과 인테리어를 리노베이션해 주고, 바리스타 교육과 매장 운영을 지원해 주는 재능 기부 활동도 전개한다. 지금까지 서울, 부산, 대전, 용인, 광주 등에서 총 6개의 재능 기부 카페를 지원했으며 지속적으로 확대해 나가고 있다.

벼랑에 몰린 축산 업계를 살린
우유사랑라테

이웃에 정성을 다하는 스타벅스의 사명은 별도의 사회봉사 활동만이 아니라 사업 그 자체에서도 실현되고 있다. 대표적인 사례가 '우유사랑라테' 프로그램이다.

2015년, 우리나라 축산 업계는 이른바 '우유 파동'으로 큰 홍역을 치렀다. 우리 사회에서 점점 심화되고 있는 저출산 문제는 분유 소비량 감소로, 다시 우유 전체 소비량 감소로까지 번졌다. 이 때문에 낙농업자들이 생산된 우유 원액을 트랙터에서 길바닥에 쏟아버리는 시위까지 벌였고, 이는 언론에 대대적으로 보도되면서 사회 문제로 대두되었다. 정부와 업계는 해결책을 찾기 위해 고심했다.

스타벅스도 라테류의 음료를 만들 때에는 우유를 사용하기 때문에 낙농업자들에게 도움을 줄 수 있는 방법을 찾기 위해 고민했다. 그 결과 '우유사랑라테' 프로그램이 탄생했다.

우리는 우유를 재료로 사용하는 라테 판매가를 정상가보다 낮게 책정했다. 그리고 매주 월요일마다 '우유사랑라테' 마케팅을 펼쳐 라테를 저렴하게 판매했다. 덕분에 평소보다 많은 고객이 라테를 구매했고, 라테 판매 수량은 조금씩 상승했다. 그런데 기대 이상의 효과가 나타났다. 고객이 스타벅스의 진정성을 알아보고 '우유사랑라테' 행사의 취지를 SNS에 퍼 나르기 시작한 것이다. 이를 계기로 우유 파동을 해결하기 위해 우유 제품을 많이 사 먹자는 운동이 자발적으로 일어났다. 그러자 우유를 재료로 사용하는 많은 업체가 이 운동에 동참했고, 순식간에 국산 우유 소비를 촉진하려는 범국민 운동이 벌어졌다. 방송과 언론에서는 스타벅스와 커피 전문점 그리고 빵집이 우유 파동을 해결했다는 기사를 쏟아내기도 했다. IMF 시절 전 국민이 금 모으기 운동으로 외환 위기를 극복했던 장면이 떠올랐다.

5개월 동안 진행된 스타벅스의 '우유사랑라테' 프로그램의 효과가 얼마나 컸는지는 내부 통계로도 입증되었다. 이 기간 동안 음료 누적 판매량을 보면, 이전까지 스타벅스 음료 판매량에서 부동의 1위를 기록하던 아메리카노를 제치고 라테가 1위로 등극하는 기염을 토했다. 스타벅스는 이웃과 함께하는 사회적 기업이라는 이미지가 다시 한 번 고객에게 브랜딩되면서, 궁극적으로는 기업의 매출 증가를 가져온 것이다. 기업의 경영 활동이 당장의 이익만을 우선하기보다 사회 가치를 고려할 때 기업 가치도 진정으로 상승한다는 명제가, 단지 듣기 좋은 교과서적 이야기가 아님을 이 캠페인은 실제로 입증했다.

이웃과 사회를 생각하는 스타벅스의 노력은 환경으로도 이어지고 있다. 커피 음료를 제조하고 나면 상당한 양의 커피 찌꺼기가 생긴다. 전국에서 발생하는 커피 찌꺼기를 종량제 봉투에 담아 배출한다고 가정하면, 약 23억 원 이상의 비용이 발생되는 것으로 추정된다.

많은 커피 전문점이 커피 찌꺼기를 필요한 고객들이 가져갈 수 있도록 하고 있지만 막상 이를 활용하는 고객은 많지 않다. 스타벅스커피 코리아는 커피 찌꺼기를 누가 가져가 주기를 기다리는 대신 더 적극적으로 재활용 방안을 모색했다. 커피 찌꺼기는 알고 보면 그냥 버리기 아까울 정도로 활용 가치가 상당하다. 식물이 성장하는 데 필요한 질소, 인산, 칼륨 등이 풍부하고, 중금속 성분이 없어 흙과 커피 찌꺼기를 9:1의 비율로 섞어 사용하면 유기질 함량이 높은 비료 역할을 충분히 할 수 있다. 이에 우리는 환경부, 자원순환사회연대, 경기도 평택의 미듬 영농조합법인과 연계해 매장에서 나오는 커피 찌꺼기를 퇴비로 만든 다음, 약 1만 5,000포대를 경기도 농가의 약 130㎡ 면적 농지에 뿌렸다. 그리고 서울시가 주관하는 '서울 꽃으로 피다' 행사에 참여해 커피 찌꺼기를 재활용해 만든 꽃화분을 시민에게 나누어주며 환경 사랑의 의미를 전달했다.

스타벅스 장기근속 파트너에게 전달되는 상패도 사실은 커피 찌꺼기로 만든 것이다. 여기에는 단순히 재활용이나 오랫동안 회사에서 일했다는 의미를 넘어, '한 분의 고객, 한 잔의 음료, 우리의 이웃에 정성을 다한다'는 스타벅스의 사명을 오랫동안 소중히 지켜왔다는 의미까지 담겨 있다.

충성 고객의 마음을 사로잡은
스타벅스의 무기들

그 자체가 디자인 상품,
스타벅스 카드

스타벅스에는 유난히 충성 고객이 많다. 물론 카페 문화의
선두 주자로서 월등한 인지도도 한몫하지만, 대기업 계열 체인들
이 마케팅 비용을 아낌없이 쏟아붓는 치열한 경쟁 속에서 단순히
먼저 자리를 잡았다는 것만으로 오랫동안 고객을 붙잡기는 어렵
다. 실제로 기업의 역사에는 선발 주자로 오랜 시간 시장을 호령하
다가 결국은 후발 주자의 공세에 밀려나 몰락하는 일이 비일비재
하다.

가장 좋은 예가 2000년 중반까지 약 15년 동안 세계 휴대폰 시장을 석권한 핀란드의 노키아일 것이다. 한때 휴대폰 시장 절반을 차지할 정도로 압도적인 점유율을 자랑했지만, 아이폰이 몰고 온 스마트폰의 혁신 속에서 결국 후발 주자라 할 수 있는 삼성과 애플 등에 밀려 순식간에 몰락해 버렸다. 스타벅스라고 그런 길을 가지 말라는 법은 없다. 그래서 우리는 끊임없이 변화를 추구하는 한편, 고객의 충성도를 높이고 치열한 경쟁 속에서도 스타벅스를 찾아야 할 이유, 스타벅스에서만 누릴 수 있는 경험을 안겨주기 위한 다양한 노력을 기울이고 있다.

2015년 여름, 언론은 '미국 스타벅스, 선불카드 적립액만 12억 달러! 작은 은행의 예금 자산보다 많아'라는 기사를 보도했다. 스타벅스가 신용카드사나 은행을 비롯한 기존 금융권의 새로운 적수로 떠오르고 있다는 내용이었다. 스타벅스는 브랜드 충성도를 높이기 위해 지난 2001년 선불식 충전 카드를 출시했고, 한국에는 2009년 처음 도입되었다. 스타벅스 카드는 명함만 한 크기의 플라스틱 카드로, 카드, 현금 등으로 5,000~50만 원까지 충전해 스타벅스 매장에서 자유롭게 사용할 수 있는 결제 수단이다. 스타벅스의 역사, 사이렌, 상징물 그리고 계절별 프로모션 창작물 등으로 디자인된다. 고객이 충전을 하는 그 자체가 스타벅스에 돈을 맡기는 것이기 때문에, 미국 언론에서 스타벅스가 약 1조 원의 현금을 보유한 은

행과 다름없다는 표현을 쓴 것이다.

원래 스타벅스 카드는 고객의 정보를 수집하지 않고 충전 후 선불금만 사용하는 방식이었다. 그러나 2011년 9월 '마이 스타벅스 리워드My Starbucks Reward'라는 스타벅스 멤버십 제도가 도입되면서 회원제도 병행되고 있다. 이는 고객이 스타벅스 홈페이지를 방문해 간단한 개인 정보를 제공하고 회원으로 가입하면 다양한 특전을 제공하는 제도다. 멤버십은 스타벅스 매장 이용 빈도에 따라 웰컴Welcome, 그린Green, 골드Gold 레벨까지 3단계로 나뉘며, 각 단계별로 여러 혜택을 누릴 수 있다. 프로그램이 시작되자마자 10만 명이 넘는 고객이 가입할 정도로 반응은 폭발적이었다.

2012년에는 스타벅스 카드와 멤버십 카드를 모바일 앱으로도 제공했다. 고객은 앱을 열어 스타벅스 카드에 선결제 방식으로 적립금을 충전하고, 음료 주문에서 결제까지 모든 서비스를 앱으로 이용할 수 있다. 이후 사이렌 오더 런칭, 콜 마이 네임 서비스 시작으로 마이 스타벅스 리워드 가입 고객은 꾸준히 증가했다. 2016년 말 기준으로 가입자는 250~300만 명까지 늘어났다. 편리함과 즐거움을 제공하는 마이 스타벅스 리워드 프로그램은 최고의 O2Oonline to offline, 결제는 온라인에서 하고 제품이나 서비스는 오프라인에서 제공받는 것 서비스로 자리 잡았다.

스타벅스의 멤버십 제도가 이렇게 큰 성공을 거둘 수 있었던 요인을 살펴보자. 무엇보다도 카드의 다양한 변신을 꼽을 수 있다. 스타벅스 카드는 때마다 다양한 디자인이 가미된 상품을 내놓는다. 그동안 한국인의 정서와 감성이 반영된 카드도 많이 출시되었다. 미니어처를 모으듯이 카드만 수집하는 마니아층도 상당할 정도다. 스타벅스 카드는 스타벅스커피 코리아의 디자인팀에서 만든다. 창의적인 사고와 특유의 디자인 능력이 가미되어, 단순한 기능성을 넘어 꼭 갖고 싶은 디자인 상품이 된 것이다. 새로운 카드가 출시될 때마다 SNS를 통해 재미있게 고객과 소통하면서 정보를 전달하고, 다양한 이벤트로 고객에게 혜택을 주는 펀fun 마케팅을 추진한 것 역시도 비결 중 하나다.

만약 300만 명의 멤버십 고객이 1인당 3만 원씩 충전된 스타벅스 모바일 카드를 보유하고 있다고 가정하면, 스타벅스커피 코리아에는 900억 원이나 되는 선수금이 쌓여 있는 셈이다. 이는 그 고객이 앞으로도 계속 스타벅스 매장을 찾을 것이라는 보장과 같다.

즐거움과 행복을 가득 담은
스타벅스 플래너

또 한 가지 잘 알려진 것은 2004년 처음으로 선보인 '스타벅스 플래너'다. 매년 연말이 되면 온라인에서는 예외 없이 네이버 실시간 검색어 상단을 '스타벅스 플래너'가 점령하고, 오프라인에 서는 스타벅스 플래너 '대란'이 일어난다. 플래너를 받으려면 프로 모션 음료를 구매하고 받는 빨간색 스티커 3개와 일반 음료를 구매 하면 받는 흰색 스티커 14개를 합쳐 총 17개의 스티커를 모아야 한 다. 온라인에서는 빨간색이 3,500원, 흰색이 2,000원에 거래되기도 한다. 이벤트 마감 기간이 다가오면 가격은 더 올라간다. 행사가 종료되면 정가 2만 원의 흰색 스타벅스 플래너가 7만 5,000원에 팔 리기도 한다. 이쯤 되면 '스타벅스 플래너 중후군'이라고 불러도 좋 을 정도다. 누군가에게는 한낱 다이어리에 불과할 수도 있는 스타 벅스 플래너를 두고 왜 이런 일들이 벌어지는 걸까?

스타벅스 플래너는 출시 1년 전부터 제작이 시작된다. 전년도 행사가 완료되는 2월 초가 되면 전년도 판매 실적, 고객 반응, 파트 너 의견을 조사해 개선점을 찾는다. 그리고 내년도 주요 국내외 행 사나 이슈 등을 점검하고 스타벅스 상품 출시 계획을 체크한 후, 플 래너에 포함할 프로모션 계획과 미션 프로그램을 준비한다.

디자인도 소홀히 할 수 없다. 일정에 맞춰 일찌감치 개발에 착수 한다. 몰스킨 같은 다이어리 전문 제작 업체와의 컬래버레이션으 로 표지·내지 디자인, 종이 재질, 포장재까지 꼼꼼하게 디자인에 반영한다. 최근의 스타벅스 플래너는 스타벅스와 몰스킨이 협업해 나온 작품이다.

플래너에 포함되는 미션 카드에는 월별 특별한 이벤트를 만들어 넣는다. 예를 들어 1월에는 설 연휴에 부모님과 함께 스타벅스에서 따뜻한 커피를 마시며 행복한 가정을 만들라는 의미에서 '부모님과 함께 스타벅스에서 따뜻한 시간을 보내세요'로 정한다. 미션을 수행하면 핫 또는 아이스 아메리카노 한 잔을 무료로 제공한다. 2월 미션은 사랑하는 연인과 함께 스타벅스에서 달콤한 시간을 만드는 것이다. 음료 2잔을 구매할 때 파트너에게 커플 사진을 보여주면 사이즈를 한 단계 업그레이드해 준다. 아주 작은 서비스지만 사진을 파트너에게 보여주고 자랑하면서 두 연인이 행복한 밸런타인데이를 즐기도록 한 것이다. 5월에는 자녀와 함께 스타벅스를 방문해 샌드위치를 주문하면 아메리카노를 공짜로 주는 미션이 있다. 역시 작은 서비스지만 가정의 달 5월에 가족과 함께 행복을 나누길 바라는 작은 정성이다. 이 외에도 많은 미션 카드는 플래너에 담겨 있는 또 다른 즐거움이다.

한편 2015년에는 스타벅스 플래너 스탬프 투어가 큰 반향을 일으켰다. 스탬프 투어는 정부 정책 때문에 처음 기획되었다. 당시 국내 경기가 하락세를 보이면서 정부는 국내 전통 시장 이용을 범국민적으로 장려하고, 해외여행보다 국내 여행을 권장했다. 스타벅스는 이런 정부 시책에 호응하고 지방 경기 활성화에 도움이 되었으면 하는 마음에서 스탬프 투어를 기획했다. 고객 역시 전국의 특색 있는 스타벅스 매장을 여행하며 즐거움을 누릴 수 있을 것이라는 판단이 들었다.

우리는 전국 스타벅스 매장 중 12개 매장을 엄선했다. 서울 삼청동점과 동부이촌동점, 강릉안목항점, 전주의 전북도청점, 경북의 문경새재점과 경주보문호수DT점, 경남의 진해용원점과 거제대명리조트점, 부산의 해운대달맞이점과 부산송정비치점 그리고 제주송악산점과 성산일출봉점이었다. 이들 모두가 아름다운 매장이다. 나는 해외 출장이나 가족 해외여행을 갈 때면 출입국 심사를 통과할 때마다 여권에 스탬프가 찍히는 것이 좋았다. 스탬프가 1개씩 늘어날 때마다 내가 방문하는 국가 수도 늘어나기 때문이다. 은근한 자기만족이라고 할까. 어떤 경우에도 여행이란 즐겁다. 이런 경험을 스타벅스 고객들이 굳이 해외에 나가지 않고도 누리기를 원했다.

스타벅스 플래너 스탬프 투어에는 우리가 예상치 못했을 만큼 많은 고객이 참여했다. 지역 경제 활성화에도 도움이 되었다. 플래너에 소개된 스타벅스 매장은 많은 고객의 방문으로 정신이 없었다. 고객들은 블로그나 페이스북에서 자신의 스탬프 투어 경험을 공유했다. 12개 매장을 최단기간에 최단 코스로 방문하는 방법, 매장 근처 숙소와 맛집 정보, 매장에서 찍은 사진 등 정말 상상할 수 없을 정도로 재미있고 멋진 사진을 SNS에 올렸다. 가히 스탬프 신드롬이라 할 만했다.

숙소 정보에 문경새재 찜질방에서 1박 한다는 내용까지 올린 고객이 있었는가 하면, 여자친구를 위해 혼자 스탬프 투어를 한다는 남자 고객도 있었다. 국내 여행이라면 보통 1~2곳 정도를 단기간에 다니는 일로 생각했지만, 스탬프 투어 덕분에 전국을 연결하는 장거리 국내 여행이라는 새로운 경험을 했다고 즐거워하는 사람들이 많았다. 국내 경기 활성화라는 정부 방침에 호응한다는 뜻에서 시작된 이벤트였지만, 많은 사람에게 행복을 선사했다는 점에서 오히려 고객에게 감사한 마음이었다.

이쯤에서 몇 가지 오해를 바로잡고자 한다. 바로 스타벅스 플래너의 수량 제한 마케팅이 일부러 품귀 현상을 조장하는 상술이라는 이야기다. 즉, 수요를 예측하고 고의적으로 수요보다 적은 플래너를 제작해 가치를 높인다는 것이다. 절대 그렇지 않다. 스타벅스는 고객의 신뢰를 역으로 이용하는 마케팅은 하지 않는다. 많은 수량을 제작해도 판매가 잘된다면 굳이 문제되지 않는다. 플래너는 올해 샀다고 해서 내년에는 안 사는 그런 상품이 아니다. 달력이 해마다 바뀌기 때문에 플래너를 사용하는 사람들은 해마다 새로운 버전을 사야 한다. 내년에는 더 많은 콘셉트를 반영한 더 멋진 다이어리를 만들면 되는 것이다. 굳이 판매 기회비용을 손해 볼 필요가 없다.

우리는 매년 최소 10만 부 또는 20만 부 이상의 다이어리를 더 제작했다. 엄청난 부담을 감수한 것이다. 예측할 수 없는 것이 고객 마음이고, 시장 흐름이다. 섣불리 수량을 늘렸다가 고객들이 플래너에 만족하지 않고 나쁜 평판이 돌면 판매량이 줄고 어마어마한 재고가 쌓일 수도 있다. 플래너는 새해 초반 한정된 기간에 수요가 몰리기 때문에 이 시기에 팔리지 않으면 고스란히 악성 재고가 되어 폐기해야 할 수도 있다. 그럼에도 우리는 부담을 감수하고 제작량을 늘려왔다. 스타벅스의 가장 소중한 사명이자 가치는 고객에게 제3의 공간, 제4의 공간을 제공하기 위해 최선을 다하는 것이다. 고객의 신뢰를 악용하는 마케팅은 스타벅스와 거리가 멀다.

스타벅스 플래너 마케팅은 보통 11월 초부터 12월 말까지 진행된다. 이 기간 동안 고객에게 가장 사랑받는 크리스마스 음료인 토피넛 라테를 포함해 다양한 신제품과 크리스마스 MD, 케이크를 선보인다. 이때 플래너도 함께 소개된다. 2013년부터 스타벅스는 음료 구매 시 종이로 제공하던 스티커를 모바일 앱에 적립하는 e−프리퀀시 시스템으로 전환했다. 고객은 스티커를 앱에 쌓고 1~2개가 부족하다면 친구에게 긴급 수혈을 받을 수도 있다. 온라인에서는 이런 현상을 '프리퀀시 품앗이'라고 부른다. 지인을 총동원해 모바일로 스티커를 모으는 것이다.

이처럼 스타벅스 플래너는 단순히 문구로서의 기능에 그치지 않고, 스타벅스에서만 즐길 수 있는 경험을 제공하기 위한 여러 가지 플랜을 담음으로써 고객에게 즐거움과 행복을 준다. 스탬프 투어를 통해 전국을 여행하는 즐거움을 주고, 자녀와 부모, 동료나 친구, 연인과 함께 스타벅스를 방문하는 미션을 부여해 사랑과 우정의 탑을 쌓도록 도와준다. 플래너를 만드는 우리는 항상 고객을 최우선으로 생각한다. 그들이 느낄 행복을 상상하면서 말이다.

주문에서 음료 제공까지,
물 흐르듯이

 진동벨을 이겨낸 '콜 마이 네임'

스타벅스에는 진동벨이 없다. 음료를 주문한 고객에게 진동벨을 나눠주고, 고객은 이를 가지고 있다가 음료가 완성되어 직원이 호출하면 음료를 픽업하는 방식은 여타 카페에서는 많이 사용하는 시스템이다. 음식점에는 테이블별로 직원을 호출하는 벨이 설치되어 있어 음식을 주문할 때 벨을 누르면 직원이 온다. 그런데 스타벅스는 왜 진동벨을 사용하지 않을까?

이는 하워드 슐츠의 경영 철학에서 나온 방침이다. 머리말에서도 언급한 바 있지만, 1983년 이탈리아 밀라노를 방문한 하워드는 길가에 있는 수많은 에스프레소 바의 모습을 보고 원두 판매 사업 이외에 에스프레소 바를 직접 운영하는 아이디어를 얻었다. 이때 카페 주인이 손님에게 음료를 전하면서 직접 손님들의 이름을 부르는 모습에 깊은 인상을 받았고, 이는 '고객의 얼굴을 보고 눈을 마주치며 응대한다'는 방침으로 이어졌다. 진동벨을 이용하면 편리할 수는 있겠지만, 기계적으로 손님을 호출하고 음료를 나눠주는 방식은 고객과의 유대감 측면에서 봤을 때 스타벅스의 경영 철학과 어울리지 않는다는 것이다.

외국의 스타벅스에서는 컵에 고객의 이름을 적어두었다가 음료가 나오면 부르는 방법으로 음료를 제공한다. 그런데 이 때문에 큰 파문이 일어난 사건이 있었다. 미국 스타벅스 매장의 한 파트너는 고객의 이름 대신 고객의 얼굴 생김새를 그려 넣어 고객을 식별했다. 음료를 제공받은 한 동양인 고객이 자신의 컵을 보니 동양인을 비하하는 것으로 보이는 '찢어진 눈'을 가진 얼굴이 그려져 있었다. 그가 왜 그랬는지 정확히 알 수는 없지만, 이 사건은 인종 차별적 행위로 언론에 보도되었고 다른 매장의 비슷한 사례까지 드러나면서 국제적인 비난이 쏟아졌다. 결국 파트너는 해고되었고, 스타벅스는 공식 사과했다.

고객은 주로 아침·점심·저녁 식사 시간대에 집중적으로 매장을 방문한다. 짧은 시간에 고객의 주문이 몰리면 파트너들은 음료와 고객을 구분하기 위해 컵에 이름을 적거나, 미처 물어보지 못할 경우 음료 제공 시 식별할 수 있도록 고객의 특징을 그림 또는 색깔로 표시한다. 그림을 그릴 때는 아주 짧은 시간 안에 고객의 특징을 연상할 수 있도록 간단히 그리는데, 그 과정에서 고객 비하 행위로까지 이어진 모양이었다.

하지만 한국에서는 외국 스타벅스와 같은 문제는 절대 발생하지 않는다. 라벨 스티커를 사용하기 때문이다. 파트너가 주문 번호를 부르면 고객이 주문 번호를 보여주고 음료를 받는 방식인데, 주문 번호를 착각해 가끔 음료 배달 사고가 발생하는 정도다. 그럼에도 불구하고 음료가 언제 나올지 모르는 상태에서 기다려야 하는 고객으로서는 스타벅스의 시스템이 다소 불편한 것이 사실이다. 그럴 때마다 고객의 불만은 증가했다.

"진동벨 쓰면 안 돼요? 언제까지 서서 기다려야 하죠?"

우리는 고객의 불만에도 일리가 있다는 점에 공감하고, 해결책을 찾기 위해 스마트혁신팀을 구성해 연구에 몰두했다. 진동벨을 사용하지 않으면서도 고객에게 편리하게 음료를 제공할 수는 없을까? 토론은 끝이 없었다. 그러다 한 파트너가 말했다.

"은행에서는 고객에게 대기 순번표를 뽑게 하고 디지털 화면에 순번표를 띄운 다음 벨소리로 신호를 보내 고객을 호출하잖아요. 우리도 비슷한 방법을 써보면 어떨까요?"

우리는 무교동점에 디지털 보드를 설치하고 영수증에 인쇄된 주문 번호를 음료가 준비되면 화면으로 띄워 고객을 불렀다. 그러나 고객들은 화면을 보지 않았다. 설치 비용도 문제였다. 모든 매장에 디지털 보드를 설치할 경우 상당한 비용이 들어갈 것이었다. 효과도 확신할 수 없었다. 우리는 다른 방법을 모색해야 했다.

"멤버십 프로그램인 마이 스타벅스 리워드MSR 가입 고객이 100만 명이 넘습니다. 가입한 고객의 이름을 번호 대신 영수증에 인쇄해 부르면 어떨까요?"

"번호보다는 이름이 훨씬 인식률이 높을 것 같아요."

"물론 이름을 부르면 인식률은 높을 겁니다. 하지만 고객의 이름을 공공장소에서 부르면 개인 정보 노출이나 사생활 문제가 발생하지 않을까요?"

해결책은 쉽게 나오지 않았다. 그때 마케팅팀에 근무하는 B 파트너가 상기된 표정으로 입을 열었다. 매장에서 여러 해 근무한 파트너였다.

"닉네임을 부르면 어떨까요? 그러니까 우리가 매장에서 파트너끼리 서로를 부를 때 제시카, 슈가, 브레드, 이렇게 부르잖아요. 고객도 이름 대신 닉네임을 등록하게 하면 어떨까요? 음료를 드릴 때 닉네임을 부르면 자기가 등록한 닉네임이니 인식에도 문제가 없고, 개인 정보 노출 문제도 생기지 않을 것 같아요."

B 파트너의 말에 회의 분위기는 확 바뀌었다.

"정말 닉네임을 부르면 문제가 없을 것 같아요. 우리도 SNS에서 아이디를 만들 때 닉네임을 이용하는 경우가 많잖아요."

"아주 좋은 생각인 것 같아요. 추가로 시스템에서 효과적으로 관리하려면 닉네임의 총 글자 수를 제한하고, 호명했을 때 인상을 찌푸리게 하거나 혐오스러운 닉네임을 걸러낼 수 있는 시스템 제어장치가 필요할 것 같아요. 닉네임 등록률을 높이기 위한 마케팅도 필요하고요."

순식간에 일이 풀렸다. 추가 의견은 계속 나왔다.

"컵에 적힌 영수증 번호를 보고 고객을 부르는데, 펜으로 쓰면 많이 힘들어요. 위생 면에서도 좋지 않고요. 그러니 고객의 주문이 완료되면 영수증을 출력하듯이 음료 정보와 닉네임이 인쇄된 라벨을 출력해서 컵에 부착하면 어떨까요? 그 정보를 보고 음료를 만들면 될 것 같아요."

"좋은 아이디어인 것 같아요. 이런 건 또 어떨까요? 자동차 공장 생산 라인을 보면 각 공정 구간별 생산 정보를 보여주는 모니터가 있거든요. 음료를 제조하는 바Bar 라인에도 바 모니터Bar Display System, BDS를 설치하는 거예요. 그 모니터에서 고객이 주문한 음료와 닉네임을 동시에 확인할 수 있도록 해주는 거죠."

좋은 아이디어가 계속 쏟아져 나왔다. 신이 났다. 스마트혁신팀은 곧장 프로그램 개발에 착수했다. 모든 일이 일사천리로 진행되었다. 시스템을 개발하고, 라벨 프린터와 바 모니터를 대량 구매했다. 곧이어 개발된 시스템의 테스트도 순조롭게 진행되었고, 매장 파트너 교육을 위한 자료가 마련되었다. 고객과의 소통을 위한 이벤트 계획도 빈틈없이 준비되었다.

우리는 이 시스템을 '콜 마이 네임Call My Name'이라 정했다. 시스템 오픈과 동시에 스타벅스 홈페이지에 닉네임을 등록한 MSR 고객 5만 명에게는 추첨을 통해 음료 e－쿠폰을 증정하는 행사도 진행했다. 홍보팀은 언론에 '콜 마이 네임' 시스템 오픈을 알리고, MSR 고객에게 타깃 메일을 발송했다.

시스템 오픈 초기에는 스타벅스 홈페이지에 닉네임을 등록하는 고객 수가 많지 않았다. 기대에 못 미쳤다. 그러나 일은 매장에서 터졌다. 파트너들이 '힘내요 이슬', '졸린 오대리', '스벅 죽돌이', '내가 여기 사장', '이름만 송혜교' 등 고객이 등록한 닉네임을 부를 때 여기저기서 폭소가 터져 나온 것이다. 고객들은 '이름만 송혜교'와 같은 콜링을 무척 재미있어했고, 어떻게 해야 닉네임이 불리는지 물어보기 시작했다. 전에는 MSR을 몰랐던 고객들도 이 서비스 때문에 MSR에 관심을 가지게 된 것이다.

'콜 마이 네임' 서비스는 순식간에 SNS를 통해 퍼져나갔다. 서비스에 가입하지 않은 고객들의 MSR 가입노 큰 쪽으로 늘어났다. 회원 가입과 함께 닉네임도 등록된 것은 말할 것도 없었다. 그러자 언론에서도 스타벅스의 콜 마이 네임 서비스를 고객과의 인간적 친밀감을 높인 감성 마케팅이라면서 대서특필했다. 서비스가 진행된 지 20일 만에 20여만 명의 고객이 MSR에 가입하고 닉네임을 등록했다. "진동벨 설치해 주세요"라는 불만은 순식간에 사라져 버렸다. 이 서비스는 스타벅스 매장을 즐거움이 있는 공간으로 바꾸었고, 고객들도 무척 좋아했다.

콜 마이 네임 서비스 런칭 1주년에는 밸런타인데이 사랑 고객 이벤트를 진행했다. 닉네임 앞에 '사랑해 레이'처럼 사랑하는 연인의 이름을 홈페이지에 등록하면, 매장에 여자친구와 함께 방문해 음료를 받을 때 파트너가 "사랑해 레이 고객님, 유시진 대위 고객님. 주문하신 음료와 케이크 나왔습니다"라고 불러주는 서비스였다.

'콜 마이 네임' 서비스는 스타벅스 매장이 편안함과 즐거움 그리고 진한 커피 향과 함께 자유로움을 느낄 수 있는 제3의 공간이여야 한다는 스타벅스의 사명에서 탄생했다. 이제 스타벅스에서 진동벨 이야기는 더 이상 나오지 않는다. 대신 지금 이 시간에도 스타벅스 매장에서는 고객들의 유쾌하고 톡톡 튀는 닉네임이 불리고 있다.

속도와 정확함, 두 마리 토끼를 잡은
스티커 시스템

고객에게 직접 상품을 판매하는 매장에는 대부분 POS 단말기가 설치되어 있다. POS 단말기는 고객에게 상품 주문을 받고 결제까지 처리할 수 있는 매장 시스템이다. 손님이 물건을 골라서 카운터로 가져오는 매장이라면 POS 기능은 계산과 결제 그리고 재고 관리에 맞춰져 있다. 하지만 카페와 같이 먼저 주문을 한 후 그에 따라 상품을 즉석 제조하는 매장이라면 주문과 상품 제조, 고객에게 제공하는 프로세스도 연계해 구축한다.

이런 시스템의 관건은 빠르고 정확한 상품 제조다. 예를 들어 사업을 시작한 지 얼마 되지 않은 사장이나 직원은 주문을 받아 POS에서 처리하는 속도가 느리고, 상품을 늦게 내놓아 고객의 클레임을 받기도 한다. 주문을 하고 한참을 기다리다 보면 짜증이 나고, 그렇게 기다려 받아 든 커피가 미지근하거나 휘핑크림을 빼달라고 주문했는데 크림이 듬뿍 얹힌 음료가 나온다면 얼마나 기분이 나쁘겠는가? 실망해서 다시는 오고 싶지 않을 수도 있다. 고객이 매장에서 느낄 수 있는 가장 큰 기쁨은 주문한 상품이 빠르게 그리고 주문한 대로 정확하게 나오는 것이다.

나는 삼성전자에 근무할 때 미국 오클라호마대학교에서 인간공학을 전공한 한국인 박사를 스카우트한 적이 있다. 인간의 신체와 심리, 습관과 연관해 휴대폰의 각종 키패드, 버튼의 위치는 물론 크기, 컬러까지 모든 것을 최적화하기 위해서였다. 이 경험은 스타벅스커피 코리아에서도 도움이 되었다.

스타벅스 매장에 설치된 POS 단말기 역시도 '인간'과 '최적화' 관점에서 끊임없는 연구와 개선이 이어졌다. 고객이 매장 출입문을 열고 들어왔을 때 파트너가 밝은 표정으로 "안녕하세요? 스타벅스입니다. 주문 도와드릴까요?"라고 인사하는 그 순간부터 스타벅스의 POS 시스템은 최적의 흐름으로 고객의 요구가 처리될 수 있도록 인간공학적 측면에서 설계되었다.

스타벅스커피 코리아 내부에는 인간공학 전문가가 없지만, 대신 매장에서 현장 경험을 쌓은 파트너를 POS 시스템 개발 업무에 투입한다. 이들은 매장 근무 파트너들과 끊임없이 소통해 개선 방안을 도출한다. 우리는 전국 2,000대의 POS에서 발생할 수 있는 모든 상황과 문제점을 분석하고 현장의 목소리를 경청하면서 POS의 메뉴, 버튼의 위치, 크기, 컬러, 순서를 끊임없이 개선해 나갔다.

그 결과 해외의 스타벅스에서는 볼 수 없는 스타벅스커피 코리아의 독자적인 시스템을 발전시킬 수 있었다. 그중 하나가 '콜 마이 네임' 서비스 개발 과정에서 아이디어를 얻은 '라벨 스티커'다. 앞서 언급했지만 해외의 스타벅스는 컵 표면에 음료나 고객에 관한 정보를 펜으로 표시해 놓는다. 이는 효율성 면에서도 문제가 있지만, 무엇보다도 '찢어진 눈' 사례처럼 불미스러운 사태를 일으킬 수도 있다.

한국의 스타벅스 매장에서 음료를 주문해 마시다 보면 컵 측면에 부착된 라벨 스티커를 볼 수 있다. 이 작은 스티커에는 수많은 정보가 새겨져 있다. 파트너들은 스티커만 보고도 제조되는 음료가 누구의 것인지, 한 명이 주문했는지 여러 명이 주문했는지, 누가 주문을 받았는지, 음료의 크기는 어떤지, 얼음은 얼마나 넣어야 하는지, 우유 종류는 무엇인지, 시럽은 몇 번 넣어야 하는지를 모두 알 수 있다. 또한 음료 제조 순서대로 표준 레시피와 고객의 개인 취향에 따라 요청된 내용이 모두 기록되어 있기 때문에 음료 제조 과정에서 실수를 저지르지 않도록 도와준다.

스티커에 기록되는 모든 내용은 고객 주문과 동시에 POS에 입력되어 시스템에 저장되고 라벨 스티커로 출력된다. 고객이 말로 전달한 내용이 요약되어 실시간으로 컵에 부착되는 것이다. 이 정보는 음료를 제조하는 바Bar 1에 위치한 파트너에게 전달된다. 결제 절차는 그 후 진행된다. 우리는 이것을 '스피드 오브 서비스Speed of Service'라고 부른다. 즉, POS에서 결제를 하고 있을 때 이미 고객의 음료가 만들어지기 시작하는 것이다. 라벨 스티커를 도입하면서 음료당 제조 시간을 획기적으로 단축할 수 있었고, 고객의 추가

요구 사항도 완벽하게 반영할 수 있었다. 그림이나 메모가 불미스러운 사태를 유발할 확률을 제로로 만들었고, 컵에 펜으로 마킹하는 비위생적인 문제도 동시에 해결했다.

바 1에서 음료 제조가 끝나면 고객에게 음료를 전달하는 바 2로 이동된다. 바 2에서 근무하는 파트너의 옆에는 모니터가 설치되어 있는데, 이것이 앞서 말한 BDS다. 고객이 음료 주문을 마침과 동시에 POS에 입력된 주문 내용이 주문한 순서에 따라 직사각형 박스 형태로 표시된다. 고객의 '콜 마이 네임' 또는 주문 번호가 가장 위에 표시되고, 주문한 음료의 종류와 수량도 확인할 수 있다.

특히 주문과 동시에 정보가 전달되기 때문에 음료 제조 시간을 확인할 수 있다. 만약 스타벅스가 정한 표준 음료 제조 시간을 초과한 경우에는 고객에게 양해를 구하고 음료를 다시 제조해 제공한다. 검수 절차를 거쳐 최고의 품질을 유지한 음료만 고객에게 내놓아야 하기 때문이다. 모니터의 정보로 음료 제조 시간이 촉박한 주문이 확인되면 바 1 파트너를 도와 다른 파트너들이 음료 제조를 지원한다. 음료 제조가 완료되면 모니터에 있는 고객의 콜 마이 네임을 확인하고 "나는 강남부자 고객님, 주문하신 음료 나왔습니다!"라고 콜링하고 음료를 전달한다. 이로써 모든 절차가 끝난다.

파트너의 업무 편리성을 인간공학적 측면에서 설계한 POS 시스템, 주문과 동시에 라벨 스티커로 출력되어 전달되는 고객 맞춤형 음료 레시피, 제공된 레시피에 따라 완벽하게 음료를 제조할 수 있는 표준화 체계, 제조 시간을 실시간으로 점검할 수 있는 BDS 시스템 그리고 콜 마이 네임 서비스를 통해 고객에게 음료를 전달할 수 있도록 도와주는 일련의 흐름은, 주문에서 음료 제공까지 물 흐르듯 흘러가는 완벽한 제조 공정의 표준화를 보여준다. 단 1초의 비효율도 발생하지 않도록 설계된 스타벅스 매장의 제조 체계는 감히 업계의 가장 혁신적인 모델 중 하나라고 해도 과언이 아닐 것이다.

사이렌 오더,
O2O 서비스의 막을 열다

 **글로벌 스타벅스 최초의 온라인 주문 시스템,
한국의 사이렌 오더**

2014년 5월 스타벅스는 사이렌 오더Siren Order라는 시스템을 선보였다. 스타벅스 모바일 앱을 통해 주문과 동시에 결제까지 할 수 있는 혁신적 O2O 서비스다. O2O는 온라인 투 오프라인 Online to Offline의 약자로, 온라인과 오프라인이 결합된 마케팅이나 비즈니스를 말한다. 과거에는 PC나 스마트폰에서 결제를 한 뒤 오프라인 매장을 방문해 서비스와 상품을 받는 것이 대표적인 사례였다. 그러나 모바일 기술이 발전하면서 오프라인 매장에서 스마트폰에 설치된 앱을 통해 온라인 주문을 하고 그 자리에서 바로 상품을 받을 수도 있게 되었다.

사이렌 오더로 주문과 결제를 하면 그 정보가 실시간으로 매장에 전달되고, 파트너는 즉시 음료를 제조해 고객에게 제공할 수 있다. 줄을 서지 않고도 원하는 시간대에 음료를 받을 수 있다는 점에서 매력적인 서비스로 많은 고객의 관심을 받았다. 특히 길게 줄을 서는 것을 별로 좋아하지 않는 남성 고객과 1인 고객이 선호한다.

한국에서 최초로 선보인 사이렌 오더에는 하워드 슐츠마저도 '환상적Fantastic'이라는 찬사를 아끼지 않았다. 글로벌 스타벅스는 한국의 성공을 벤치마킹해, 2015년 여름 미국에서 "Mobile Order & Pay"를 런칭했다.

사이렌 오더의 개발과 성공은 세심한 매장 관찰과 문제 개선 의식에서 비롯되었다. 직장인이 많은 사무실 밀집 지역의 스타벅스 매장은 점심시간을 전후로 음료를 주문하기 위해 몰려든 고객이 길게 줄을 선다. 조금 늦게 도착한 고객들은 매장에 늘어선 줄에 기겁해 바로 다른 곳으로 발길을 돌린다. 이는 비단 스타벅스만이 아니라 많은 카페와 음식점이 겪는 문제일 것이다. 고객의 이동 시간과 공간의 크기가 판매 기회를 제약하는 기회비용의 손실은 많은 서비스업의 고심거리다.

우리는 이런 문제를 해결하기 위해 무교동점에 더블 바double bar

를 설치했다. 스타벅스 매장에는 보통 2대의 POS와 1개의 바가 설치되어 있다. 더블 바는 2대의 POS와 1개의 바를 추가로 설치해 동시에 4명의 고객에게 주문을 받을 수 있도록 매장을 변경한 것이다. 이 시도로 무교동점의 같은 시간대 매출은 30% 이상 증가했다. 그러나 전국 모든 매장에 더블 바를 설치하는 것은 매장 안 공간 및 설치 비용의 제약 때문에 적합하지 않다는 결론을 내렸다. 우리는 다른 대안을 찾기 시작했다.

"선주문 방식을 도입하면 어떨까요? 멤버십 프로그램인 MSR에 가입한 고객이 100만 명이 넘었고, 스타벅스 카드에 충전되어 있는 금액도 상당하잖아요. 지금은 모바일 스타벅스 카드로 결제를 하려면 먼저 매장에서 주문을 해야 하는데, 아예 모바일 앱에서 주문까지 할 수 있게 하면 어떨까요? 그러면 매장에서 줄을 서지 않아도 되니 고객도 좋아할 것 같아요."

우리는 매장에서 고객이 음료를 주문하는 순서대로 프로그램을 개발하기 시작했다. 음료 선택, 사이즈 선택, 컵 종류 선택, 개인별 옵션 선택, 매장 선정, 결제 수단 선정, 쿠폰 사용, 제휴카드 할인 등 매장에서 이루어지는 결제와 똑같은 절차를 모바일로 처리할 수 있도록 앱을 만들었다.

하지만 기술적인 문제 외에 매장 운영을 어떻게 할 것인가 하는 문제가 남아 있었다. 매장 주문과 사이렌 오더 주문이 동시에 들어오면 파트너의 업무가 복잡해지고 어려울 수 있기 때문이었다. 고객의 클레임도 예상되었다. 열심히 줄을 서서 주문했는데 방금 매장에 들어온 사람이 먼저 음료를 받아 가고 자기 음료는 늦게 나온다고 불만을 제기할 수도 있었다. 우리는 예상되는 문제점을 하나하나 해결하기 위해 POS에서 주문하는 고객을 먼저 처리하는 등의 원칙을 정하고 이를 시스템화했다.

온라인 주문과 음료 제조의 시간 차를 잡아라

마침내 우리는 모든 준비를 마치고 2014년 5월 사이렌 오더를 고객에게 소개했다. 그런데 처음에는 생각만큼 서비스가 활성화되지 않았다. 신기술을 눈으로 직접 볼 수 있어서 재미있어하는 사람도 많았지만 불편해하는 경우도 많았다. 당시만 해도 O2O 서비스를 실행하는 업체가 거의 없어서, 고객들도 사용법에 익숙하지 않았기 때문이다. 우리는 힘들게 개발한 사이렌 오더를 활성화하기 위해 고민했다.

"무엇이 문제일까요? 왜 고객의 사용 빈도가 낮은 걸까요?"

"개인 컵을 가져오는 고객이 많은데 사이렌 오더는 일회용 컵과 머그잔만 돼요. 개인 컵을 가져와서 주문하면 300원 할인을 받을 수 있는데 사이렌 오더는 안 되잖아요."

"사이렌 오더로 주문할 매장을 고르는데 매장이 잘 안 잡혀요."

"매장을 지정했는데 헷갈려서 다른 매장으로 가는 고객도 있어요."

"사이렌 오더가 너무 일찍 들어와서 음료가 식어버렸어요."

"얼음이 다 녹아서 다시 만들어야 해요."

파트너와 고객을 대상으로 사이렌 오더 개선 설문을 실시했더니 기대 이상으로 많은 건의 사항이 접수되었다. 우리는 스마트혁신팀과 협력해 제시된 의견들을 기술적으로 해결해 나갔다. 선불카드 구매 고객으로만 한정되었던 문제를 개선해 일반 고객도 주문이 가능하도록 신용카드 결제 서비스를 도입했다. 또한 고객의 스마트폰 앱에서 음료 주문부터 결제, 제조, 완성에 이르는 과정을 실시간으로 알 수 있게 했다.

무엇보다도 중요한 문제는 고객이 매장을 방문하는 시간과 음료 제조 시간 사이의 불일치였다. 고객이 매장 바깥에서 음료를 주문했다고 가정하면 과연 언제부터 음료를 만들어야 할까? 너무 일찍 만들면 고객에게 전달될 때 음료의 품질이 떨어질 것이고, 너무 늦게 만들면 고객이 오랜 시간을 기다려야 한다.

단순히 고객의 위치 정보를 바탕으로 매장과의 거리를 계산해 도착 시간을 어림할 수도 있지만, 고객이 매장의 정확한 위치를 몰라서 헤맬 경우 문제가 되었다. 오는 길에 편의점에 들러 물건 하나를 사고 오거나 잠깐 화장실에 들렀다 오는 정도의 시간조차도 음료 품질에는 큰 영향을 미칠 수 있었다. 가장 좋은 방법은 고객이 매장에 들어섰을 때 제조를 시작하는 것인데, 그렇다면 어떻게 고객이 매장에 들어왔다는 것을 알 수 있을까?

우리가 선택한 방법은 고주파 음이었다. 스타벅스 매장은 각기 주파수가 다른 고주파 신호를 매장 안에 내보낸다. 이 신호는 우리 귀에는 들리지 않지만 스마트폰 마이크는 인식할 수 있다. 모바일 앱이 이를 인식하면 어느 매장에 들어왔는지 정보를 전송한다. 이 정보는 POS로 전달된다.

기술적인 혁신을 도입하고 앱을 개선함으로써 고객의 이해와 사용 빈도는 조금씩 상승하기 시작했다. 그러나 우리가 기대하는 수준까지는 아직 한참 못 미치는 상황이었다. 우리는 일단 고객들이 사이렌 오더를 써보면 편리성에 쉽게 공감할 수 있으리라 자신했다. 즉, 관건은 고객들이 이를 써보도록 유도하는 것이었다.

우리는 파격적으로 '사이렌 오더 데이' 이벤트를 전개했다. 서비스 런칭 1주년을 맞아 사이렌 오더로 주문을 하면 주문한 음료 수만큼 아메리카노를 무료로 증정했다. 고객들은 동료나 친구들에게 "사이렌 오더 할 줄 알아요? 주문 좀 대신 해줄래요?" 하며 관심을 보였고, SNS 등을 통해 순식간에 주변 고객에게 확산되었다.

"어, 이거 괜찮은데? 줄 안 서도 되네, 그리고 1+1이라 보너스도 받고 좋은데?"

역시 SNS의 힘은 대단했다. 언론도 스타벅스의 O2O 서비스를 소개하기 시작했다.

우리는 이 기회를 놓치지 않았다. 매주 목요일을 '해피 사이렌 오더 데이'로 지정했다. 고객이 목요일에 사이렌 오더로 주문을 하면 오늘의 커피를 1+1으로 2잔 제공했다. 일단 사이렌 오더를 사용해 보자 고객들은 그 편리성과 매력에 푹 빠졌고, 주문 건수는 급증했다. 특히 남성 고객들은 카운터 앞에 줄을 서지 않고도, 심지어는 매장에 도착하기 전에도 주문을 할 수 있다는 점을 가장 만족스러워했다. 짧은 점심시간에 줄을 서느라 시간 낭비를 할 필요 없이 음료를 주문하고 받을 수 있는 사이렌 오더의 매력을 실감한 것이다.

우리의 성공에 다른 업체에서도 뒤늦게 O2O 프로그램을 개발하고 속속 서비스에 들어가면서 한국 시장에서 O2O 서비스가 크게 활성화되기 시작했다.

런칭 이후에도 우리는 고객과 파트너에게 수많은 개선 아이디어를 받아 사이렌 오더 기능을 더욱 강화해 나갔다. 이제는 음료는 물론 푸드, MD까지도 주문할 수 있고, 드라이브 스루 매장에서도 사이렌 오더를 이용할 수 있다. 사이렌 오더의 결제 비율은 총 결제의 10%를 넘어섰다. 매출 1조 원의 10%는 1,000억 원이다. 어마어마한 금액이 사이렌 오더로 들어오는 것이다. 사이렌 오더를 활성화하기 위해서 적극적인 마케팅 활동을 벌이고 파격적인 혜택을 제공하는 노력이 없었다면 애써 개발해 놓은 좋은 시스템도 성공을 장담하기 어려웠을 것이다.

고객이 많이 방문하는 시간대에 고객의 이탈을 최소화하고, 바쁜 시간을 쪼개 애써 방문한 고객이 긴 대기 시간에 발길을 돌리는 문제점을 개선하기 위한 고민에서 시작된 사이렌 오더는, 이제 한국을 넘어서 미국에서까지 새로운 바람을 일으키고 있다. 고객의 불편을 해결하려는 노력이 O2O의 새로운 영역을 개척한 걸작을 만들어낸 것이다.

スタ벅스, 공간을 팝니다

3장

미션 10,000

1만 명의
파트너와
한 몸이 되라

경험에서 시스템으로,
고용 개혁 프로젝트

 **스타벅스커피 코리아에
'아르바이트'가 없는 이유**

　기업에서 조직을 어떻게 편성할지, 요소요소에 인력을 어떻게 배치할지는 아주 중요한 문제다. 언뜻 광장히 까다롭고 복잡할 것 같지만 원리를 알고 나면 생각보다 간단하다. 기업마다 차이는 있지만 크게 보아 본사 10%, 국내외 영업 조직 10% 그리고 생산 인력 80% 정도로 구성된다고 보면 된다. 대부분 중견 기업은 사업장이 최대 10개 정도고, 적어도 100명 이상의 근로자가 같은 사업장에 근무하는 구조다. 경영 활동에 참여하는 임직원이 함께 모여 근무하기 때문에 조직 간 협업이나 소통이 매우 원활하고 인력 관리에 문제가 적다.

그러나 스타벅스와 같은 서비스업은 일반 기업과는 인력 조직과 구조가 다르다. 사업장이라고 할 수 있는 매장 수가 일반 기업과는 비교할 수 없이 많고, 각 사업장이 생산과 영업을 동시에 실행하는 특징이 있다. 그리고 많은 매장을 지원하는 작은 본사 또는 지원 센터가 있다. 본사와 매장 사이의 업무 협업과 의사소통은 시간적·공간적 제약 때문에 어려움이 많다.

스타벅스커피 코리아 또한 예외가 아니었다. 2011년 인사팀장으로 부임해 보니, 이곳은 100여 명의 지원 센터 파트너와 전국 350개 매장에 10여 명씩 소규모로 분산되어 근무하는 조직과 인력으로 운영되고 있었다. 게다가 매장 인력은 풀타임 파트너인 점장과 부점장, 슈퍼바이저, 바리스타, B3 파트너로 나뉜 시간제 파트너 8~10명이 혼합되어 있었다. 특히 1주일에 3일, 1일 5시간씩 총 15시간을 근무하는 B3 직급의 파트너는 주로 점심시간에 편성되어 매장 바닥 청소, 백룸고객 공간과는 격리된 파트너의 업무 공간 정리와 같은 단순 반복 업무에 투입되었다.

B3 파트너들은 대부분 학생이었고, 말 그대로 아르바이트 차원을 벗어나지 못했다. 근속 기간은 3개월도 채 되지 않았다. 심지어 B3 파드너 채용 의뢰가 늘어 지원 센터에서 발령과 인적 사항 기

록을 처리하는 도중에 그 파트너의 퇴직 신청이 올라오는 경우도 자주 있었다. 점장은 2~3개월마다 B3 파트너를 뽑느라 많은 시간을 들여야 했다. 새로 사람을 뽑으면 처음부터 하나하나 다시 가르쳐야 했고 업무에 적응할 만하면 그만두었기 때문에 점장의 업무 집중력을 떨어뜨리는 원인이 되었다. 지원 센터 역시 과중한 업무로 높은 퇴직률을 보이고 있었다.

매장별 근무 인원은 매출 규모에 따라 탄력적으로 운영되고 있었지만, 매출이 비슷한 매장끼리 비교해 보아도 점장과 지역관리자인 DM의 역량에 따라 인력 차이가 컸다. 신규 파트너 채용은 각 매장마다 점장이 개별 진행하다 보니 채용 절차가 공정하게 진행되는지, 선발된 인재가 업무에 적합한지 검증할 방법조차 없었다.

2011년 4월, 하워드 슐츠의 한국 방문을 기점으로 우리는 매장 수를 5년 이내에 당시의 2배가 넘는 1,000개까지 확장하는 '미션 1,000'을 추진했다. 그에 따라 인력도 4,000여 명에서 8,000여 명 이상으로 확대되어야 했다. 불과 며칠 사이에 같은 인력의 채용과 퇴직이 동시에 발생하는 상황에서 인력 운용을 어떻게 해야 할지 눈앞이 캄캄했다. 만약 인력이 3배로 증가한다면? 계산조차 불가능했다.

애플이나 구글과 같은 세계적 기업은 우수한 조직 문화, 최고 경영자와 직원 간의 허물없는 대화와 소통, 만족도, 높은 복리 후생과 보상 제도 그리고 회사에 대한 직원들의 높은 열정으로 보통 퇴직률이 안정적이다. 스타벅스커피 코리아도 훌륭한 경영 시스템을 갖추고 있었고, 파트너 한 명 한 명을 놓고 보면 어느 매장을 가든 최고의 수준을 보유하고 있었지만 조직 구성과 인력 시스템은 그에 못 미치는 실정이었다.

인력 운영과 관련해 가장 먼저 개선에 착수한 것은 B3 직급을 폐지하고 바리스타로 통합하는 방안이었다. 이와 함께 근무 시간에 비례해 매장별 바리스타 정원을 산출하는 방법도 제안했다. 하지만 점장과 DM은 반대 의견을 내놓았다. 고객이 많이 몰리는 시간에 B3가 없으면 매장 운영이 어렵다는 이유였다. 일리는 있었지만 글로벌 최고의 기업이자 파트너를 가장 소중한 자산으로 천명한 스타벅스가 단순 아르바이트 수준의 인력을 운용하는 것은 적절하지 않았다. 지속적인 성장을 위한 우수 인력을 확보한다는 면에서도 지금의 체계는 맞지 않았다. 우리는 그들을 적극적으로 설득했다.

그리고 2012년 3월, B3 직급 체계를 폐지하고 바리스타로 통합하는 데 성공했다. B3 파트너로 계속 일하고 싶어하는 학생들에게는 최소 6개월간 일을 할 수 있도록 유예기간을 주었고, 바리스타로 전환을 희망하는 인력은 전원 바리스타로 다시 근로계약을 체결했다. 이 직급 통합 프로젝트에 스타벅스는 수십억 원을 들여야 했다. 비용 면에서만 본다면 왜 이렇게 했는가 하는 의문을 가질 수도 있을 것이다.

그런데 B3 직급 통합을 완료한 그해 여름, 일부 서비스 업체에서 발생한 초단시간 근로자 관련 이슈가 사회 전반 문제로 확산되었다. 당시 노동법이 바뀌면서 복수 노조 설립이 허용되었고, 비정규직법이 강화되었다. 한편으로는 주 15시간 미만으로 근무하는 아르바이트 학생들의 임금 체불 관련 시위가 증가했다. 여기에 기름을 부은 것이 주휴 수당이었다. 노동법상 근로자가 토·일요일까지 1주일을 모두 근무했다면, 사업주는 하루치 임금을 주휴 수당으로 추가 지급해야 한다. 그러나 주 15시간 미만으로 근로계약을 체결한 초단시간 근로자는 주휴 수당을 지급하지 않아도 된다. 이런 허점을 노린 사업주들은 15시간 미만의 초단시간 근로자를 집중적으로 채용했다.

이 문제가 사회적 논란을 불러일으키면서 많은 기업이 '청년을 착취하는 나쁜 기업'으로 낙인찍혀 관련 노조와 시민 단체, 여론의 뭇매를 받았다. 특히 몇몇 커피 체인점들의 주휴 수당 체불 문제가 집중 타깃이 되어 해당 기업의 이미지는 바닥으로 추락했고, 고객들도 등을 돌렸다. 문제가 터지고 나서야 허겁지겁 진화에 나섰지만 한번 나빠진 이미지를 원래 수준으로 회복하기까지는 막대한 비용과 시간이 들어갈 터였다.

그제야 스타벅스커피 코리아의 점장과 DM을 비롯해 경영진까지도 B3 직급을 폐지하고 바리스타로 통합한 정책이 올바른 인사 방향이었다는 데 동의했다. 이 사건을 계기로 스타벅스는 오히려 노동법을 잘 준수하는 기업으로 이미지를 굳혔다. 점장들도 바리스타들과 적극적으로 소통하면서 직무에 잘 적응하도록 도와주었다. 회사 전체적으로도 인사 정책에 대한 파트너들의 신뢰가 형성되기 시작했다.

B3 직급 폐지는 인력 운영 전반의 안정성까지 획기적으로 개선하는 효과를 낳았다. 일반 서비스 업종에서 근무하는 직원의 퇴직률은 연평균 150~400% 정도로 알려져 있다. 2016년 대학에 입학한 내 딸도 여름방학을 맞아 사회 경험도 쌓고 용돈도 벌기 위해 음식점에서 아르바이트를 한 적이 있다. 매장에는 4명의 아르바이트생이 있었는데, 7월에 시작해서 8월 셋째 주까지 7주를 근무하고 4명 모두 한꺼번에 그만두었다. 모두 대학생이어서 2학기 준비를 해야 했으니 그 입장도 충분히 이해가 되지만, 음식점 사장에게는 재앙이나 마찬가지다. 또다시 채용 공고를 내고, 직원을 새로 뽑고, 처음부터 일을 가르쳐야 한다. 서비스 안정성이나 숙련도, 팀워크 면에서도 손실이 크다.

스타벅스커피 코리아는 바리스타와 슈퍼바이저의 연평균 퇴직률이 60~70%에 불과하고 점장과 부점장의 퇴직률은 5%가 채 되지 않는다. B3 파트너 제도가 있을 때에는 퇴직률이 400%에 이른 적도 있지만 직급 통합 이후 퇴직률이 크게 낮아졌다. 브랜드 인지도가 계속 올라가면서 우수한 파트너가 많이 지원하고 있고, 엄격한 선발 기준도 낮은 퇴직률에 기여하고 있다. 요즘 입사하는 바리스타들은 대부분 점장 이상을 목표로 할 정도로 열기가 뜨겁다. 인력 운영의 안정성이 획기적으로 개선되었다는 증거다.

 ## 인력 표준 모델 개발

그렇다고 모든 문제가 해결된 것은 아니었다. 각 매장마다 예측할 수 없는 변수가 많다 보니 인력 운영은 주로 점장의 경험에 의존했고, 매장 인력의 업무 능력이나 효율은 점장과 DM의 경험과 역량에 따라 매장별로 상당한 편차를 보였다. 예를 들어 매장 인근에 대규모 행사가 개최되어 갑자기 고객이 몰린다거나, 날씨 변화에 따라 고객의 방문율이 들쑥날쑥해진다거나 할 때 점장과 DM의 대처 능력에 큰 차이가 있었고, 이는 매장 인력 전반의 대처 능력 차이로 이어졌다. 긴급한 변수가 발생하면 점장은 휴무 중인 파트너에게 근무를 요청하기도 하고, 근무 중인 파트너에게 연장 근무를 부탁하기도 했다. 파트너들은 어쩔 수 없이 요청을 받아들였지만, 이런 일이 잦아지다 보면 회사에 대한 열정이 떨어지고 피로가 누적될 수밖에 없었다.

한편 계획보다 높은 매출을 달성한 점장은 호시절이라 생각하고 인력을 손쉽게 늘리는가 하면, 매출 목표를 달성하지 못한 점장은 비용 절감이라는 명분에서 임의로 인력 규모를 축소했다. 이로 인해 파트너들의 연장 근무가 늘어나고 피로도가 증가하는 문제도 발생했다. 모두가 인력 운영을 효과적으로 할 수 있는 명확한 기준이 부족한 탓이었다.

우리는 태스크포스팀을 구축하고 매장 인력 계획과 인사비 표준화를 추진하기 시작했다. 먼저 매장의 매출 계획을 실적과 비교해 계획의 정확성을 점검했다. 매출 계획과 실적의 차이가 큰 매장은 기획·운영팀과 협력해 계획 수립 기준부터 개선했다.

이 분석으로 비록 매출은 높지만 과다한 인력을 운영함으로써 1인당 생산성이 낮은 사례들이 발견되었다. 반대로 비록 매출은 적지만 적정한 인력 투입으로 노동생산성이 효율적인 사례도 있었다. 아울러 최소한으로 투입해야 하는 절대인원 기준도 설정했다. 노동생산성도 좋지만 인력이 너무 적으면 과중한 근무 시간과 피로 누적으로 이어질 수 있기 때문에, 파트너의 노동강도가 급증하는 임계점을 제시했다.

여기에 더해 매장 크기, 매장 층수, 화장실 수, 의자 수, 일평균 고객 수, 시간당 상품 판매 수까지 노동에 영향을 주는 요소들을 정의하고, 각 요소별 영향 지수를 산정해 매장 단위별 최적 인원을 산출했다. 또한 일의 크기를 정의하고, 직급별·시간대별 인력 투입 방법까지 표준 모델을 설계했다.

마침내 우리는 24개 구간으로 표준화된 매장 인력 표준 모델과 인사비 모델을 완성했다. 경영 환경 변화로 매출 계획이 변동되면 자동으로 인력과 인사비 기준이 변동되는 시스템이었다. 점장의 경험에 의존해 인력을 선발하고 배치하는 대신, 표준으로 제시된 매출 계획에 맞춰 인력을 운용하도록 바꾼 것이다. 초기에는 "우리 매장 인력도 맘대로 못 뽑아 쓰나"라고 불만을 표하는 점장들도 있었지만, 이 제도는 점차 안정되었다. 다소 불편하긴 해도, 매출에 따라 인력 표준이 제시되기 때문에 그동안 점장 개인에게 전가되었던 부담이 줄어들었다는 점에는 이견이 없었다.

매장 인력 표준 모델과 인사비 표준 모델은 매장에 큰 변화를 가져왔다. 예를 들어 A 매장의 4월 인력 계획이 10명이라고 가정하면, A 점장은 10명의 인력으로 매장을 운영해야 한다. 이전이라면 1~2명 정도의 추가 고용은 점장 재량이었지만, 매장 인력 표준 모델에서는 매장 매출이 20% 이상 상승한 경우가 아니면 추가 인력을 쓸 수 없었다.

물론 파트너의 역량이 떨어지거나 퇴직을 앞둔 파트너가 있는 경우처럼 신규 채용이 필요할 때도 있다. 표준 모델에서는 인력 중

가와 감소 요인을 모두 정의해 인사 시스템에 반영했다. 예를 들어 인사 시스템으로 퇴직 신청이 접수되면 퇴직 4주 전부터는 채용이 허용되었다. 그러나 A 점장이 평소 파트너 관리를 소홀히 해서 갑작스럽게 퇴직하는 인력이 생긴다면 그만큼 부담을 느끼게 될 것이다. 따라서 A 점장은 평소 인력 관리에 관심을 높여야 했다. 새로운 제도는 점장들이 파트너 인사를 더욱 신경 써서 관리하고 역량을 키우게 하는 효과도 가져왔다.

반대 경우도 있다. B 매장의 매출이 하락했다면 점장은 인력이 부족해도 신규 채용을 하지 않으려고 한다. 담당 DM은 시스템에서 B 매장의 매출이 하락하고 있고, 표준보다 인력을 적게 운영한다는 사실을 인지하고 집중 관리에 들어간다. 매출이 하락하면 인건비 절감을 선택하는 경우가 많지만, 스타벅스의 DM은 점장과 논의해 서비스 역량을 높여 위기를 극복하는 쪽으로 유도해 나간다. 예를 들어 DM은 서비스 역량이 뛰어난 파트너를 B 매장으로 배치하고 매장 팀워크를 조율하는 식으로 문제를 풀 수 있다. 파트너의 피로도도 수시로 점검하고 고충 면담도 늘린다.

이처럼 인력 표준 모델은 점장의 경험이 아니라 파트너 육성과 역량을 고려한 인력 재배치, 고충 상담과 조직 문화 형성 등의 다양한 방법을 인력 운영에 활용했다.

점장들은 매장 매출 계획을 수립할 때도 매우 신중해졌다. 꼼꼼하게 전년도 매출 실적, 금년 매출 목표, 매장 주변 환경, 프로모션 계획, 파트너 역량과 같은 모든 요소를 점검한 후 매출 계획을 수립했다. 매출 계획에 따라 매장 표준 인원과 인사비가 자동 산정되기 때문이다.

매장 수가 늘어나면서 새로운 업무 시스템 도입도 필요했다. 이전까지는 표준 인력 및 인사비 계획을 수립할 때 엑셀을 사용했지만 이로 인한 업무 부담이 점점 커졌다. 수작업으로 매장별 데이터를 만들면 최소 1~2주가 걸린다. 요즘처럼 변화가 자주, 빠르게 일어나는 기업 환경에서는 1주일 지난 데이터도 무용지물일 때가 많다. 우리는 ERP 시스템을 활용해 표준 인력 계획과 표준 인사비 계획을 시스템화했다. 모든 매장의 인력 계획과 실제 인원을 실시간으로 볼 수 있는 것은 물론, 이를 인사 시스템과 연동해 현재 매장별 인력 충원율과 인건비까지 파악할 수 있게 했다. 시뮬레이션 버튼을 누르면 이번 달에 예상되는 누적 인사비의 적정성도 확인할 수 있도록 했다. 점장들은 이런 값을 참고해 인력 추가 투입 여부를 결정할 수 있었다.

이와 같이 스타벅스커피 코리아는 매장을 책임지고 있는 점장이 인력 계획을 수립하고 채용해 배치하는 데 도움이 되도록 시스템을 구축하고, 객관화된 데이터와 기준을 제공했다. 점장들은 단순한 서비스 관리자가 아니라 매장 인력 관리를 포함한 매장 경영 전반을 책임지는 리더로 거듭날 수 있었다. 또한 점장이 교체되더라도 후임 점장이 시스템으로 과거의 인력 변동 사항을 확인할 수 있었으므로, 매장 관리의 안정성과 연속성을 도모하는 효과까지 거두었다.

좋은 인재를 스타벅스로, 채용 프로세스 개발

그러나 1만 명이 넘는 파트너를 관리하기란 여전히 쉽지 않았다. 채용된 파트너를 잘 운용하는 것도 중요하지만 채용 단계에서부터 좋은 인재를 뽑고, 이런 인재가 스타벅스에 오고 싶어하도록 만들어야 했다. 그러기 위해서는 채용 프로세스도 개선할 필요가 있었다.

스타벅스에 입사를 희망하는 지원자는 스타벅스 채용 사이트에서 근무하고 싶은 매장을 선택할 수 있다. 그런데 과거에는 매장별 사정을 고려하지 않고 어느 매장이든 지원 가능하도록 허용되었다. 만약 지원자가 선택한 매장에 채용 계획이 없다면 그 매장의 점장은 시스템에 접속조차 하지 않았다. 반면 채용이 필요하지만 지원자가 없는 매장의 점장은 채용 계획이 없는 매장에 지원한 후보자에게 급하게 연락해 채용하는 일도 많았다. 이러다 보면 파트너의 역량을 충분히 평가하지 못하고 인력을 채우는 데만 급급할 수 있고, 지원자 입장에서는 자신이 원하지 않는 매장에서 일을 하게 되어 의욕이 떨어질 수도 있었다.

이 문제를 개선하고자 우리는 ERP의 인력 계획과 인사 시스템의 재직 인력을 채용 시스템과 연결했다. 바리스타 근무를 희망하는 지원자에게는 인원이 부족하거나 승격, 전환 배치, 육아휴직과 같은 이유로 인력 충원이 필요한 매장만 행정구역 순으로 표시해 이들 매장만을 선택할 수 있도록 했다. 각 시스템 간 연동 작업은 매주 초에 실시간으로 이루어졌다. 채용이 필요한 점장은 해당 매장에 지원한 후보자의 이력서를 읽어보고 복수 이상의 후보자를 면접할 수 있었다. 자신이 지원한 매장에서 면접을 보고 일을 할 수 있게 되면서 신입 파트너의 소속감은 매우 높게 나타났다. 지금은 지원한 매장에서 채용되는 비율이 총 채용 인원의 70%를 넘어설 정도로 안정되었다. 이는 매장의 팀워크로 연결되고 장기근속의 원동력이 되고 있다.

또한 ERP에서 파트너의 거주지 주소와 매장 주소를 연계해 파트너의 출퇴근 거리를 대중교통 기준으로 산출해 볼 수 있다. 지도 프로그램을 구매해 ERP 시스템에 적용한 결과다. 우리는 파트너의 최적 출퇴근 거리를 30분 이내로 보고 최대 60분을 넘지 못하도록 규정하고 있다. 이를 초과하는 파트너는 매장 이동 배치 우선 대상으로 분류된다. 그리고 매월 2회 정기 인사 발령을 통해 기준 거리 이내 매장으로 재배치를 유도한다. 매장 단위로 파트너의 평균 출퇴근 거리가 지나치게 긴 매장은 상시 조정 권고 의견을 DM에게 전달한다. DM은 면담을 통해 파트너가 희망할 경우 거주지와 가까운 매장으로 전환 배치한다. 출퇴근 거리가 멀면 파트너도 쉽게 피로해지거나 지각할 위험이 높아지고, 특히 이른 아침이나 늦은 시간 근무에 어려움이 크고 매장도 부담을 느낄 수 있기 때문이다.

이 밖에도 스타벅스커피 코리아에는 몇 가지 독특한 인력 운영 기준이 있다.

먼저 '333' 제도다. 최대 3번까지 입사할 수 있고, 입사하면 최소 3개월은 근무해야 재입사할 수 있으며, 재입사를 하려면 퇴직 후 최소 3개월이 지나야 한다는 뜻이다. 만약 음식점에서 아르바이트를 했던 내 딸처럼 2개월만 근무했다면 재입사를 할 수 없다.

다소 빡빡하다고 볼 수도 있겠지만 이 규정 때문에 파트너들은 퇴직 여부를 무척 신중하게 결정한다. 지금은 사정이 있어 퇴직을 해야 하지만 추후 재근무할 여지를 두기 위해서 입사 후 최소 3개월은 채우려고 하고, 퇴직일까지 근무를 소홀히 하지 않는다. 성실한 근무 평가도 재입사 요건이기 때문이다. 모든 정보는 실시간으로 관리자 레벨에서 공유되므로 1,000개 매장이 1개 매장처럼 움직인다.

파트너가 같은 매장에서 근무할 수 있는 기간에도 제한이 있다. 최대 상한선은 24개월이고, 18개월이 지나면 매장 이동 배치 우선순위로 분류된다. DM은 이들과 면담을 통해 가급적 희망하는 매장 중 출퇴근 기준에 부합하는 매장으로 인사 발령을 낸다. 한 매장에 오래 근무함으로써 생길 수 있는 문제점을 해결하는 한편, 새로운 경험을 부여해 파트너들이 지루해하지 않고 도전 의식을 갖도록 하기 위해서다.

회사는 모든 파트너가 일을 즐기며 꿈을 품고 계속 근무할 수 있는 장기 비전을 제시해야 한다. 그래야만 자발적 동기 유발이 가능하고 능동적으로 업무를 수행하기 때문이다. 스타벅스커피 코리아가 시행하고 있는 여러 가지 인력 운용 원칙도 바로 직원에게 동기를 부여하고 도전 의식을 충전시키기 위한 고민의 결과물이라 할 수 있다.

모든 업무는
모바일 앱으로 통한다

스타벅스커피 코리아의 비밀 병기,
업무용 모바일 앱

스타벅스커피 코리아에는 사이렌 오더나 e-프리퀀시 같은 고객용 앱이 있지만 이것이 전부는 아니다. 앞서 언급했듯 스타벅스는 사업 구조는 간단하면서도 관리는 쉽지 않은 경영 환경에 놓여 있다. 사업장이 소규모 단위로 전국에 흩어져 있는 데다, 하루 50만 명이 넘는 고객이 각지의 매장을 방문한다. 파트너 채용도 전 매장에서 수시로 진행되고 파트너 육성을 위한 집합 교육도 쉽지 않다. 물류도 낱짐이 많다. 매일같이 1,000개가 넘는 매장으로

원·부자재를 배송해야 하고, 매장 장비나 가구가 고장 나면 수리 기사가 바로 출동해야 한다.

중앙 집중식 단일 사업장 체계가 아니라는 면에서 빠르고 효율적인 경영에 많은 핸디캡을 안고 있는 스타벅스커피 코리아는 이를 극복하기 위해 10개가 넘는 업무용 앱을 개발했다. 앱을 통해 파트너를 교육하고, 구매 발주를 하고, 매장을 수리하며, 전국 각지 매장의 실시간 매출 현황도 바로바로 확인할 수 있다. 이제 스타벅스커피 코리아의 비밀 병기인 업무용 앱을 소개하고자 한다.

모바일 블라썸

사내 메일 열람과 작성을 위한 앱으로 장소에 구애받지 않고 파트너 간 업무 연락을 보낼 수 있다. 또 전자 결재 기능으로 상사가 자리를 비우더라도 업무를 신속하게 처리할 수 있다. 게시판에서는 회사의 모든 공지 사항을 확인할 수 있다.

모바일 아카데미

모바일 아카데미는 스타벅스의 모바일 교육 시스템으로, 파트너 교육을 위한 다양한 콘텐츠를 제공한다. 음료 제조, 매장 운영, 프로모션, 위생 관리 등 매장 직무 수행에 꼭 필요한 자료를 영상물과 파워포인트 요약 문서로 제공하며, 신입 파트너 교육을 위한 자료도 제공된다. 그 밖에도 리더십, 경영, 경제, 인문, 외국어에 이르는 광범위한 자기계발 학습 콘텐츠도 갖춰져 있다. 학습량을 기록해 개인별·조직별 학습 포인트를 제시하므로 리더들은 파트너 교육을 효율적으로 진행할 수 있다. 커피를 주력으로 하는 회사답게, 커피 전문가로 성장할 수 있는 교육 콘텐츠인 '커피 패스포트' 제도도 있다.

모바일 파트너 리워드

스타벅스커피 코리아의 파트너는 급여, 성과급, 상여금 등 보상으로 지급되는 돈을 모바일로 조회할 수 있다. 한마디로 모바일 급여 통장인 셈이다. 보통의 회사는 매월 급여일 아침에 회사 PC에 접속해야 급여를 확인할 수 있지만, 스타벅스커피 코리아는 출근 전 집에서도 모바일로 급여를 볼 수 있다. 모든 복리 후생 제도 기준과 지급 절차까지 일목요연하게 정리되어 있어 언제 어디서든 확인과 신청이 가능하다. 파트너의 근태 실적도 확인할 수 있다.

사이렌 119

수십만 명의 고객이 방문하는 매장에서는 다양한 사고가 발생한다. 긴급 환자가 생기기도 하고, 강풍에 유리창이 깨지기도 하고, 심야에 취객이 매장에 들이닥쳐 소란을 피울 수도 있다. 식품을 다루는 곳이므로 위생 사고가 일어날 수도 있다. 보통의 회사라면 이 같은 긴급 상황에서 상사에게 전화 연락을 하겠지만, 스타벅스커피 코리아는 사이렌 119 앱에 등록한다. 그러면 직속 상사는 물론 모든 팀장과 경영진에게까지 동시에 정보가 전달된다. 수직 보고 개념을 벗어나 수평적으로, 실시간으로 상황이 공유되는 것이다. 보고된 내용을 확인한 후 매뉴얼에 따라 조치해야 할 책임이 있는 모든 파트너가 자발적으로 매장을 방문하기도 하고, 협력 업체나 관공서 신고와 같이 필요한 절차를 수행한다. 사이렌 119는 확실한 역할과 책임에 따른 프로세스를 거치는 것이 가장 빠르고 정확하게 상황을 해결하는 방법이라는 기본에 충실한 앱이다.

스타벅스 데일리

이 앱은 고객이 매장에서 느낀 의견을 스타벅스 SNS에 올리면 자동으로 그 내용을 알려준다. 고객의 의견은 칭찬, 불만, 제안, 기타 의견까지 다양하게 개진된다. 담당 파트너들은 현장 확인, 파트너 면담, 지원 센터 협의 등을 통해 회사의 공식 의견이나 처리 결과를 고객에게 전달하고 개선 활동에 반영한다.

MOST Management of Strategic Target

지원 센터 파트너들은 자신의 업무를 일일·주간 단위로 계획하고 실적을 MOST에 작성한다. 관리자는 파트너의 업무 계획을 확인하고 추가 업무를 지시하며, 수행 결과를 점검한 후 주간 단위로 실적을 평가한다. 평가는 우수, 보통, 미흡, 비평가, 이렇게 4단계이고, 절대평가이므로 모든 파트너가 우수를 받을 수도 있다. 작성과 조회, 평가 의견까지 모두 모바일로 처리할 수 있어 업무 효율성도 매우 높다. 주간 단위 평가 결과는 반기까지 누적된 후 반기 평가에 일정 비율만큼 자동 계산되어 반영된다.

스토어Store 365

스타벅스 매장의 업무는 POS를 통한 매출 발생이나 재고 관리부터 파트너 근무 편성과 건강 관리, 재고의 유통기한 확인, 매장 시설 관리 및 청결 상태 유지, 관공서 방문 기록 유지 등 날마다 점검해야 할 사항이 무척 많다. 일부 업무는 오전, 오후, 야간 등 시간대별 점검도 필요하다. 월, 분기, 반기, 연간 단위 관리 기록도 유지해야 한다.

스토어 365는 이름처럼 365일 매장의 각종 관리 지표를 실시간으로 확인할 수 있는 앱이다. 과거에는 매장을 방문해 POS나 PC, 관리 일지를 확인한 후 매장 파트너와 의견을 교환하면서 상황을 파악했다면, 지금은 매장에 방문하지 않더라도 언제 어디서나 운영 상태를 알 수 있다. 매장을 정기적으로 일일이 방문하지 않고도 운영 현황을 고려, 선택해 방문할 수 있는 것이다. 예를 들어 어떤 파트너가 관리하는 매장들 중 3곳의 매출이 하락했다면, 이들 매장에 집중적으로 시간을 들여 매출 증대를 위한 상권 분석, 파트너 서비스 교육 등을 실시하고, 매장 청결 상태 관리와 같은 문제를 개선할 수 있다.

매장 내부에서도 스토어 365는 관리 효율을 높이는 데 크게 기여한다. 일반 회사에서는 매장 관리 일지에 일 단위로 기록을 하지만, 스타벅스커피 코리아는 모든 업무를 PC나 모바일 앱으로 처리한다. 그 밖에는 시간대별로 근무자가 바뀔 때의 전달 사항만 노트나 메모지로 남겨 인수인계하는 정도면 충분하다. 관리 일지는 시간이 지나면 훼손되거나 분실할 위험이 있고, 점장을 포함해 파트너가 바뀌면 해당 매장의 과거 관리 기록도 모두 없어지는 경우가 많지만, 이제는 모든 기록을 앱으로 관리하기 때문에 과거 기록을 확인하고 적절한 조치를 취할 수도 있다.

스토어 리페어 Store Repair

매장을 관리하는 점장은 매장 인테리어나 커피 장비, 그 밖에 각종 시설물이 고장 났을 때 수리하는 데 애로 사항이 많다. 수리 절차와 비용 처리 방식이 생각보다 복잡하고, 원하는 시간에 제때 수리되지 않을 때도 종종 있기 때문이다. 급한 마음에 직접 수리하다가 파트너가 다치는 낭패가 발생하기도 한다. 점장이 지원 센터 파트너나 협력사에 연락해 수리 신청을 하고 약속 시간을 정하면 기사가 매장을 방문해 수리를 해주지만, 이 과정에서 처리가 며칠씩 지연되는 일도 잦았다.

스토어 리페어 앱에는 매장에서 이런 상황이 발생했을 때 파트너가 고장 난 시설, 장비 품목, 고장 내용, 수리 희망 시간 등을 정리해 등록할 수 있다. 이 내용은 실시간으로 담당 지역 협력사 시스템과 수리 기사 모바일 앱으로 전송되며, 수리 기사는 방문 계획을 작성하고 약속 시간에 매장을 방문한다. 수리가 완료되면 기사는 수리 내용, 교체 부품, 비용, 수리 후 사진 등을 앱에 등록하고 매장 파트너가 이를 앱으로 확인한 뒤 승인하면 마무리된다. 부품 단가, 상황별 수리 비용 및 시간까지 표준화된 기준과 가격 정보를 제공하기 때문에 점장은 수리비를 놓고 기사와 실랑이를 할 필요도 없고, 영수증을 종이에 붙이고 보고서를 쓰기 위해 시간을 쓸 필요도 없어졌다.

자동발주 시스템

구매 발주 업무는 매장 파트너들의 가장 큰 골칫거리일 것이다. 매장 운영 경험을 살려 제품을 발주하면, 어떤 날은 생각보다 제품이 빨리 떨어져서 인근 매장에 전화를 돌려 사정사정하고 발품을 팔아 빌려 오는가 하면, 어떤 날은 재고가 많이 남아 처치 곤란이다. 유통기한이 비교적 길거나 아예 없는 제품이라면 이후 발주를 조절해 보완할 여지가 있지만, 푸드와 같이 유통기한이 그날을 못 넘기는 제품들은 회사 원칙에 따라 정해진 시간이 지나면 무조건 폐기해야 한다. 폐기율은 당연히 매장의 부담으로 쌓이고 DM의 지적이 날아온다.

자동발주 시스템은 매장 파트너의 경험과 감 대신 매장의 과거 1년간 데이터를 기반으로 발주량을 자동 결정하게 한 프로그램이다. 매장 판매에 영향을 줄 수 있는 모든 요소를 가중치에 따라 지수화하고, 상황에 따라 달라지는 가변요소들을 매장에서 입력하면 시스템이 분석해 지수를 부여하면서 주문량이 자동으로 처리된다. 물론 이런 알고리즘만으로 예측할 수 없는 변수도 많기 때문에 100% 정확한 것은 아니지만, 기존 방식과 비교하면 재고량이 현저하게 줄어들었고, 재고가 다 떨어져서 인근 매장으로 발품을 팔아야 하는 일도 대폭 감소했다. 파트너의 근무 시간 효율이 높아지고 폐기율도 줄어들면서 매장 관리 효율 또한 자연스럽게 상승했다.

긴급공지 시스템

매장을 운영하다 보면 긴박한 상황이 발생할 수 있다. 간밤에 태풍이 닥쳐 간판이 떨어진다든지, 작은 실수로 화재가 일어난다든지, 공급된 재료에 문제가 있다든지 하는 일들이다. 상황이 일어났을 때 신고할 수 있는 사이렌 119 앱도 있지만 예방 차원에서 모든 업무에 우선해 정보를 공유하고 파트너를 교육할 필요도 있다. 이를 대비해 긴급공지 사항만 따로 확인할 수 있는 앱이 있다. 회사의 인트라넷과 연결되어 '빨간 별'이 달린 공지가 나가면 파트너들은 내용을 확인하고 상황을 해결한다.

스마트 파트너Smart Partner

지금까지 살펴본 것과 같이 스타벅스커피 코리아에는 다양한 요구에 맞춘 여러 가지 업무용 앱이 있다. 이렇게 앱의 수가 늘어나다 보니 이를 통합·관리하는 앱이 필요해졌고, '스마트 파트너'가 개발되었다. 사번과 통합 패스워드를 이용해 접속하면 회사의 모든 업무용 앱을 한곳에 모아 편리하게 사용할 수 있다.

이 앱에는 모바일 사원증도 저장되어 있다. 사무실이 밀집한 도심 거리에서는 목에 사원증을 걸고 다니는 회사원을 많이 볼 수 있다. 주로 회사를 출입할 때 보안 게이트 통과나 신분 확인용으로 사용하는데, 회사에 대한 소속감이나 자부심을 느낄 수 있어 좋지만 분실이나 훼손이 자주 일어난다. 스타벅스커피 코리아는 이를 모바일 사원증으로 대체해 일반적인 사원증 기능은 물론 스타벅스 매장에서 스캔 방식으로 임직원 할인을 받거나 그 밖에 다양한 부가 기능을 활용할 수 있게 했다.

이처럼 스타벅스커피 코리아는 전국에 흩어져 있는 사업장과 파트너를 한곳으로 모으고, 공간과 시간의 제약 없이 업무를 효율적으로 수행할 수 있도록 다양한 모바일 앱 개발을 적극 추진해, 이를 실제 업무에 적용했다. 앱의 활용이 가져오는 경영 효율은 상상 이상이다.

구글은 매주 금요일이면 직원들이 모여 자유로운 토론 문화를 즐긴다고 한다. 스타벅스커피 코리아에도 매주 월요일과 수요일 오전에 경영, 경제, 인문, 시사, 역사, IT 분야 명사들의 강연을 듣는 시간이 있다. 매주 금요일 오전에는 팀별 커피테이스팅 시간을 갖고 자유로운 토론을 하는 문화도 있다. 전통적인 방식이라면 아마도 아침 조회 후 매장 관리나 요청 사항 처리를 비롯한 수많은 현장 업무 때문에 뿔뿔이 흩어지기 바빴을 것이다. 모바일 앱을 통한 경영 업무 효율화는 직원들이 자기계발을 통해 잠재된 무한한 에너지를 끌어내는 시간을 제공한다. 이는 직원 개인의 발전에도 도움이 되지만 기업의 미래를 보장하기 위해서도 반드시 필요한 혁신이다.

온라인과 오프라인을 블렌딩한
인재 양성 프로그램

언제 어디서나 쉽고 재미있는 교육,
모바일 스타벅스 아카데미

스타벅스커피 코리아는 매년 3,000명 이상의 파트너를 대상으로 교육을 실시한다. 매장 오픈에 따른 신입 바리스타 입문 교육은 매주 진행되고, 슈퍼바이저와 부점장 승격 교육은 각각 매월·매분기별로, 점장 양성 과정은 6개월 코스로 운영된다. 스타벅스에서 교육을 전담하는 부서를 '스타벅스 아카데미'라고 부르고, 아카데미를 책임지는 팀장은 '딘Dean, 학과장 또는 학생처장이라는 뜻'이라고 부른다.

아카데미는 10여 명의 파트너로 구성되어 있는데, 1~2명을 제외하면 부점장부터 DM까지 매장 일선에서 근무한 경험이 있는 파트너들이다. 커피에 관한 최고의 지식과 감각을 지닌 파트너인 스타벅스 커피 앰배서더 출신도 있다. 한마디로 스타벅스에서 고객 서비스 역량이 가장 뛰어난 최고의 커피 전문가들이 모여 있는 팀이라고 보면 정확할 것이다.

그러나 아무리 풍부한 매장 경험과 서비스 역량이 뛰어난 파트너로 구성된 팀이라 하더라도 소수 인력으로 1만 명이 넘는 파트너 교육을 책임지기란 불가능에 가깝다. 게다가 1,000개 이상의 매장이 전국 곳곳에 분산되어 있는 상황까지 고려하면 더더욱 어려움이 많다. 우리는 그 해결 방안을 바로 모바일에서 찾을 수 있었다.

스타벅스커피 코리아는 2016년 전 세계 스타벅스 최초로 '모바일 스타벅스 아카데미'라는 파트너 교육 전용 앱을 오픈했다. 한국도 일부 대기업을 제외한 대부분이 웹사이트 기반의 교육 시스템을 운영하고 있는 상황을 고려한다면 획기적인 발전이자 시도였다. 게다가 대부분의 교육 웹사이트가 외국어와 리더십 등의 공통 교육과정으로 이루어져 있고 직원의 사용률도 낮다는 면에서 볼 때, 스타벅스커피 코리아의 아카데미 앱 출시는 업계의 주목을 받기에 충분했다.

모바일 스타벅스 아카데미는 집합 교육에서 모바일 교육으로 개념을 전환한 혁신적인 모델이다. 누구도 부인할 수 없을 정도로 지금은 스마트폰 세상이다. 스마트폰이 없는 사람이 괴짜 취급을 받고, 거리를 걸으면서, 지하철이나 버스 안에서도, 심지어 밥을 먹을 때도 스마트폰을 보는 세상이다. 전 세계를 강타하고 한국에도 엄청난 화제를 몰고 온 '포켓몬 고' 신드롬은 스마트폰의 중독성과 재미를 가장 잘 보여주는 사례일 것이다. 우리는 모바일 스타벅스 아카데미를 개발하면서, 단순히 전시용 앱이 아닌 '포켓몬 고'처럼 파트너들이 열광할 수 있는 수준의 교육용 앱을 만들기 위해 노력했다. 그리고 1년여의 개발 끝에 스타벅스 아카데미 앱을 완성할 수 있었다.

이 앱의 첫 번째 특징은 '펀Fun' 요소를 가미했다는 점이다. 모바일 게임처럼 게임 방식의 교육을 도입한 것인데, 게임을 열심히 하면 포인트나 가상의 돈이 쌓여 소유 욕구를 자극하기 때문에 계속 게임에 몰입하게 된다. 알쏭달쏭하면서도 때로는 쉬운 OX 데일리 퀴즈Daily Quiz를 매일 5문제씩 출제하고, 정답을 맞히면 러닝 포인트를 제공한 후 다양한 방법으로 보상한다. 퀴즈도 가급적 부담 없이 간단하게 풀 수 있도록 단순화했다. 예를 들어 'Quiz 1: 스타벅스 설립자는 하워드 슐만이다. O, X?' 같은 식이다. 파트너들은 매일같이 앱에 접속해 어떤 문제가 출제되었는지 확인하고 문제를 푸는 습관을 갖기 시작했다.

둘째로 모든 직무 교육은 5~10분 이내 콘텐츠로 애니메이션 또는 동영상에 자막 처리를 해 제공했다. 최근에는 인스타그램, 페이스북이 각광받고 트위터나 블로그를 통한 소통은 주춤하는 추세다. 주된 원인은 '영상이냐 아니냐'의 차이라고 한다. 사람들은 짧은 시간에 많은 정보를 받고 싶어한다. 트위터나 블로그는 대부분 글로 쓰고 읽어야만 한다는 점에서 매력을 잃어가고 있다. 교육 자료 역시 글이나 파워포인트로 제공되는 자료는 효과가 떨어지는 추세다. 영상물 자료라고 해도 수학능력고사용 영상처럼 딱딱하거나, 영상 한 편을 보는 시간이 너무 길다면 아무도 흥미를 가지지 않을 것이다. 그래서 애니메이션을 반영해 10분 이내의 짧은 영상물로 직무 교육 자료를 제작했다.

교육을 마친 파트너는 마치 영화를 평가하듯 별점으로 영상물을 평가할 수 있고, 이는 교육 콘텐츠를 제작한 스타벅스 아카데미 담당자의 업무 성과와 연계되도록 했다. 교육 자료를 잘 만들어야 업무 평가도 잘 받도록 한 것이다. 다시 보고 싶으면 '보관하기'를 선택할 수 있고, '추천하기' 기능으로 다른 파트너에게 영상물을 추천할 수도 있다. 영상 직무 교육 자료에는 스타벅스의 모든 음료 제조 과정, 운영에 필요한 매뉴얼, 프로모션, 위생 관리, 바리스타 베이직, 기타 교육과정에 이르기까지 모든 과정을 망라해 놓았다. 교재 없이 스마트폰만 있으면 재미를 곁들인 직무 교육을 마스터

할 수 있게 한 것이다. 대략 1,000개 이상의 직무 과정이 영상물로 제공된다.

세 번째 특징은 관리자들을 위한 페이지다. 각 매장 관리자인 점장 또는 지원 센터 팀장은 소속된 파트너의 교육 점수를 실시간으로 확인할 수 있다. 부서별 비교 평가 점수도 볼 수 있다. 필요하다면 각 파트너의 미흡한 역량을 중심으로 교육과정을 추천해 줄 수 있고, 교육을 독려하기도 한다. 개인별 러닝 포인트는 상위 점수자만 회사 전체에 공개된다. 상위 점수 취득자는 모범 파트너 선발 등 다양한 보상을 받는다.

넷째, 스타벅스에는 '커피 패스포트'라는 제도가 있다. 파트너를 커피 전문가로 육성하기 위해 총 4단계로 구성한 커피 마스터 과정 중 1단계 과정이 바로 커피 패스포트 작성이다. 커피 패스포트는 커피에 대한 기본 지식과 실제 커피를 제조해 보고 시음해 본 맛을 기록하는 수첩으로, 모든 파트너가 가지고 있다. 원래는 종이로 된 책자 형태였지만 이를 모바일로 대체했다. 수첩 작성을 완료하면 지원 센터의 앰배서더가 일일이 확인해 승인을 해주던 것을, 이제는 모바일로 제출하면 모바일에서 승인을 해주기 때문에 획기적인 행정 간소화가 이루어졌다.

다섯째, 파트너 역량 진단이다. 역량 진단이란 파트너의 역량을 각 항목별로 평가하고 이를 교육과정과 연계하는 진단 프로그램의 하나다. 이 역시 모바일 아카데미에서 제공함으로써 점장은 파트너의 역량을 확인하고 부족한 역량 위주의 교육과정을 추천해 줄 수 있게 되었다.

오프라인을 통한 집합 교육은 직원들의 소속감이나 직접 대면을 통한 유대감을 제공한다는 큰 장점이 있다. 그러나 기업 입장에서 보면 직원들의 교육장 이동에 따른 비용, 시설 사용료, 교육 시간과 같이 많은 비용을 지불해야 한다. 온라인으로 이루어지는 교육은 오프라인 교육에 비해 효과 면에서 약점은 있지만, 프로그램 개발 비용을 제외하면 이후 소요되는 비용은 거의 없다. 여기에 오프라인 교육이 가지는 장점을 녹여 넣거나, 온라인 교육만이 가질 수 있는 장점을 극대화한다면 더욱 좋을 것이다. 아직은 시작 단계지만 스타벅스 아카데미는 재미와 애니메이션을 접목한 10분 이내의 영상 콘텐츠와 가상 포인트 제공을 주축으로 개인의 학습 욕구를 유발했다. 또한 역량 진단을 통해 파트너 수준에 맞는 교육과정, 또는 부족한 부분을 채워줄 과정을 상사가 직접 추천하는 방식으로 교육에 참여할 수 있도록 했다.

과거 온라인 교육 담당자들의 주된 역할은 외부 콘텐츠를 사서 교육 사이트에 제공하는 것이었다. 하지만 스타벅스커피 코리아는 이를 필요한 교육 영상물을 직접 기획하고 제작한 다음 파트너에게 제공하고 직접 평가를 받는 방식으로 바꾸었다. 지금 이 시간에도 교육 담당자들은 질 높은 교육 콘텐츠를 만들기 위해 노력하고 있다.

스타벅스 모바일 아카데미는 어느새 파트너들이 의무적으로 사용하는 앱이 아닌, 자발적으로 즐겨 찾는 앱으로 자리 잡아가고 있다. 전국 1,000여 개 사업장에 분산되어 근무하고 있는 스타벅스의 사업 구조를 고려한다면, 온라인 교육 시스템은 엄청난 경영 효율과 고른 교육 효과를 내고 있다.

 ## 스타벅스 인재 양성의 주축, 러닝 마스터와 DCM, SCM

하지만 오프라인으로 진행되는 집합 교육과정의 효과는 여전히 무시할 수 없다. 단기간 집중력을 높일 수 있고, 동료 집단과의 단체 학습이나 토론 방식 교육은 온라인 교육이 쉽게 해결할 수 없는 집단 교육의 장점이다. 구글도 멘토링 70%, 직무 OJT 20%, 집합 교육 10%로 이루어지는 70:20:10의 원칙을 철저하게 지키면서 교육과정을 운영한다. 집합 교육과정이 구성원의 역량 향상을 위해 필수적으로 시행해야 하는 가장 중요한 방법임은 부인할 수 없다.

스타벅스커피 코리아는 집합 교육과정에서 가장 중요한 역할을 담당하는 강사를 100% 사내에서 선발한다. 일부 인문학이나 리더십 교육에는 외부 전문 강사를 초빙하지만, 대부분의 강의는 사내 강사가 진행한다. 이런 스타벅스의 사내 강사를 러닝 마스터 Learning Master라고 부른다. 러닝 마스터가 되기 위해서는 커피 마스터 자격을 취득하고 점장 이상의 직무 경험을 쌓아야 한다. 러닝 마스터는 매장 업무를 완벽하게 수행할 수 있는 경험과 지식, 리더십을 갖춘 파트너 중에서 공개 경쟁 방식으로 선발한다. 이들은 지원 센터 또는 지방에 위치한 교육장에서 파트너의 집합 교육 강사로 활동하며, 모바일 아카데미의 직무 관련 애니메이션 동영상에 주인공으로도 출연한다. 매장 근무를 하면서 강사로 활동하기 때문에 현장 감각이 뛰어난 실습 중심의 교육이 이루어져 교육장은 항상 열기가 뜨겁다.

그리고 DCMDistrict Coffee Master, 지역 커피 마스터이라는 이름으로 활동하는 지역별 현장 강사도 있다. DCM은 전국에 약 70명이 있으며, 점장·부점장 중에서 커피 마스터 자격을 보유한 파트너 가운데 우수한 인력을 공개 경쟁 방식으로 선발한다. 1년의 활동 기간 동안 지역 내 파트너 교육, 고객 대상 커피 세미나 개최와 같은 다양한 교육을 수행한다. 매년 스타벅스 최고의 커피 전문가를 뽑는 커피 앰배서더도 DCM 중에서 선발한다. DCM은 현장에서 발생하는 모든 상황에 즉각 대응할 수 있는 현장 교육 전문가 집단이다.

또한 매장 파트너 교육을 담당하는 커피 마스터로 SCM^{Store Coffee Master, 매장 커피 마스터}이 있다. 이들은 부점장, 슈퍼바이저 중 커피 마스터 자격을 보유한 파트너로 구성되어 매장에 신규 입사하는 바리스타 교육을 집중적으로 실시한다.

이처럼 스타벅스의 교육은 모바일 교육 시스템과 오프라인 교육 시스템이 복합적으로 연계되어 이루어진다. 교육 대부분을 사내 전문가로 구성한 러닝 마스터, DCM, SCM이 담당하므로 현실감 있는 교육이 가능하다. 완벽한 '현장 즉시 대응 체계'를 갖춘 셈이다. 이들은 스타벅스커피 코리아의 미래를 책임질 명실상부한 핵심 인재다.

승진을 위한 필수 관문, 베이직 프로그램

스타벅스의 파트너들이 온라인과 오프라인으로 열심히 교육을 받고 자기계발을 하는 이유는 개인의 흥미나 호기심 같은 요인도 있겠지만, 무엇보다도 회사 안에서 스스로의 전문성을 높여 높은 직급으로 진급하고 책임 있는 일을 맡아 궁극적으로는 더 많은 보상을 얻기 위해서일 것이다. 특히 스타벅스는 시간제 근무인 바리스타로 입사를 하더라도 상위 직급으로 올라갈 수 있는 길이 잘 닦여 있다.

스타벅스에 바리스타로 입사해 상위 직급으로 진급하기 위해서는 반드시 통과해야 하는 관문이 있다. 우리는 이것을 베이직Basic 프로그램이라 부른다. 이 프로그램은 다시 바리스타 베이직과 슈퍼바이저 베이직으로 나뉜다.

신입 바리스타가 입사하면 지원 센터나 지방 교육장에서 입문 교육이 진행된다. 이후 이들은 매장으로 이동해 4주간의 바리스타 베이직 과정을 이수한다. 이 과정에서는 사내 강사로 편성된 SCM에게 매일 1시간씩 직무 이론을 배우고 4시간의 실습을 거친다. SCM은 학습 일정에 따라 매장 구조 · 시설 · 장비 이해, POS · 바 · 백룸 · 원 · 부자재 사용법을 교육한다. 여기에 어느 정도 익숙해진 신입 바리스타는 음료 레시피를 이해 · 암기한 뒤 음료 제조를 실습하고, 이어서 고객 서비스 응대 역량까지 학습한다.

SCM은 점장과 상의해 학습 결과를 기록하고 4주 교육이 완료되면 교육을 완전히 마스터했는지 확인한다. 만약 이 과정을 이수하지 못하면 슈퍼바이저에 지원할 수 있는 자격 자체가 부여되지 않는다. 스타벅스에서 점장 또는 지역 매니저를 꿈꾼다면 이 관문을 넘기 위해 최선을 다할 수밖에 없다.

슈퍼바이저로 승격한 다음에는 슈퍼바이저 베이직 과정을 이수해야 한다. 바리스타 베이직과는 달리 슈퍼바이저 베이직에는 다양한 관리 업무가 추가된다. 라테 아트는 기본이고, 구매 발주, 위생이나 유통기한 관리, MD의 역할 이해, 바리스타 교육을 실시할수 있는 코칭 역량 습득, 고객 클레임 대응 방법과 같은 심화 교육 과정을 이수해야 한다. 또한 커피 마스터 자격도 취득해야 한다. 이 2개의 허들을 통과해야만 부점장에 지원할 수 있는 기본 자격이 생긴다.

부점장이 되면 RMT Retail Management Training 과정을 이수해야 한다. 이 교육은 약 9개월간 진행된다. 한마디로 점장 수행 역량을 키우는 과정이라고 보면 된다. 리더십 향상을 위한 독서 통신 과정, 어학 과정, 매장 운영 전반에 대한 지식 습득 과정으로 진행된다. 이를 통해 매장 ERP 시스템 이해, 실습, 매장 경영 방법, 지표 이해 방법, 파트너 채용 기술, 면담 요령, 인사 관리, 재무 이해와 같은 경영 전반 지식을 배우고 실습한다. 물론 이 과정을 이수하지 못하면 점장 지원 기회가 주어지지 않는다.

이처럼 매 직급별로 반드시 이수해야 하는 허들 방식의 베이직 교육과정은 단순히 경험에 따라 업무를 수행하는 것이 아니라, 철저하게 이론을 습득하고 표준화된 교육을 체득하는 방식을 통해 파트너가 지식과 경험을 겸비한 커피 전문가로 성장하게 한다.

스타벅스커피 코리아에 쉽게 올라갈 수 있는 직급은 없다. 단 모든 파트너에게 기회는 균등하다. 누구나 도전할 수 있다는 그 매력에 스타벅스의 파트너는 이 시간에도 열심히 공부하고 일을 한다.

바리스타에서 DM까지,
현장 파트너의 성장 과정

 학력도, 나이도 걸림돌이 되지 않는
스타벅스커피 코리아

스타벅스커피 코리아에는 파트너의 서비스를 칭찬하는 고객의 메시지가 하루에도 수십 건씩 접수된다. 어린아이가 뜨거운 음료를 쏟았을 때는 먼저 아이가 다치지는 않았는지 확인한다. 그런 다음 응급치료를 하고 테이블을 정리한다. 심지어 음료까지 다시 만들어준다. 아이를 동반한 주부 고객이 2층으로 올라가지 못해 어려움을 겪으면 유모차를 접어 2층까지 안내해 준다. 때로는 스타벅스 매뉴얼에 없는 서비스를 매장 상황을 보고 파트너 스스로 판단해 제공하기도 한다.

이 책을 쓰기 위해 참석했던 책 쓰기 강좌에서 강사는 이런 말을 했다.

"퇴근하시면서 꼭 스타벅스에 들러 2시간씩 방해받지 말고 책을 쓰세요. 스타벅스는 절대 여러분의 작업을 방해하지 않아요. 오히려 가끔 음료나 푸드까지 줍니다."

나는 웃음을 참느라고 혼이 났다. 왜 스타벅스는 많은 고객이 찾는 공간이 되었을까? 왜 스타벅스 파트너는 친절하다고 생각할까? 왜 스타벅스 파트너는 자발적으로 마음에서 우러나오는 서비스를 제공할까?

구글은 2012년 '아리스토텔레스 프로젝트'라는 이름으로 조직 성과를 창출하는 핵심 요인이 무엇인지 확인하는 실험을 했다. 결과는 의외였다. 조직 성과는 우수한 인재 혹은 유능한 리더보다 그 조직의 규범 그리고 문화와 연관성이 높다는 것이었다. 얼마나 자유를 허용하는지, 수평적 의사소통은 어느 정도 이루어지는지 여부가 성과와 상관관계가 높다는 결과였다.

사실 스타벅스커피 코리아에는 소위 남들이 말하는 핵심 인재의 범주에 해당하는 인력은 거의 없다. 고졸이 30%고, 전문대 졸업자도 30%가 넘는다. 대학 졸업자도 상위권 대학 출신자는 극소수다. 그럼에도 불구하고 1만 명의 파트너가 한 공간에서 서로 부담

없이 닉네임을 부르며 소통하고 협력한다. 학력, 나이, 장애를 기준으로 서로를 평가하지 않고 형제자매처럼 자유롭게 일한다. 그리고 핵심 인재를 보유한 그 어느 기업보다 최고의 성과를 창출한다. 파트너 스스로도 스타벅스의 일을 즐거워하고 행복해한다. 스타벅스가 좋아서 남들이 부러워하는 학교를 포기하고 바리스타로 입사하는 파트너도 증가하고 있다. 대기업에 다니다가 그만두고 바리스타로 들어오는 파트너도 상당히 많다. 그들은 학력과 나이에 관계없이 자신보다 어린 점장이나 파트너 들과 웃으며 생활한다. 그 근원은 파트너에 대한 존중과 신뢰를 소중히 여기는 스타벅스커피 코리아의 조직 문화에서 찾을 수 있다. 여기에서는 신입 사원에서 지역 매니저인 DM에 이르기까지 스타벅스의 파트너가 어떤 과정을 거쳐 성장해 나가는지 단계별로 소개하고자 한다.

바리스타

구글은 직원을 채용하기 위해 최소 6개월 동안 10회 이상의 면접을 진행한다. 열정과 실력을 갖춘 인재를 선발하기 위한 그들만의 방법이다. 그래도 연간 200만 명이 넘는 지원자가 몰린다고 하니 대단한 기업이다. 한국 기업도 우수한 인재를 선발하기 위해 많은 투자를 하고 있다. 해당 기업의 직무 적합성을 기반으로 직무 적성검사를 자체 개발하고, 면접 단계를 직군 단위별로 세분화해 심층 면접을 진행한다.

스타벅스커피 코리아 역시 우수한 인재를 선발하기 위해 많은 노력을 기울이고 있다. 그러나 서비스업 규모와 채용이 증가하면서 장기 근무를 할 수 있는 좋은 인재를 스타벅스에 채용하는 것이 그리 만만한 일은 아니다. 이는 많은 기업이 똑같이 고민하는 문제일 것이다.

스타벅스커피 코리아는 구직자 채용 지원의 편리성과 접근성 개선에 중점을 두고 '모바일 바리스타 지원 시스템'을 개발했다. 아울러 모바일 지원의 한계를 극복할 수 있도록 간결한 이력서 작성을 요청해 부담을 최소화했다. 그 결과 구직자들은 스타벅스 매장에서, 지하철에서, 어디서나 쉽고 간편하게 이력서를 제출할 수 있다.

바리스타에 지원하기 위해서는 만 18세 이상으로 고등학교를 졸업해야 한다. 이 두 가지 조건을 충족하면 누구나 지원할 수 있다. 모바일 지원서에 간단한 본인 정보와 자기소개, 지원 동기, 경험 등을 기입해 제출하면 된다. 그리고 서비스업에 맞는 직무 적성 검사를 치른다. 이 역시 모바일로 간결하게 평가된다. 이 검사는 서비스업 적응력을 파악할 수 있도록 전문 기관이 개발했기 때문에 기본적인 부적격자를 분류할 수 있다. 검사를 통과한 후보자들의 이력서는 본인이 선택한 채용 수요가 있는 매장으로 도착하고, 해당 매장의 점장은 이력서를 꼼꼼하게 체크해 서류 전형을 진행한다.

서류 전형에서는 주로 후보자의 입사 지원 동기, 장기 근무 의지와 가능성, 과거 서비스업 근무 경험, 후보자의 출퇴근 시간 적정성을 확인한다. 적합한 후보자와는 전화 면접을 진행한다. 전화 면접에서는 이력서를 제출하고 나서 후보자의 지원 의사에 변화가 없는지 확인하고, 스타벅스의 어떤 매장에서 채용 의사가 있는지 알려준다. 이때 후보자가 제출한 이력서의 내용을 다시 한 번 확인하는 질문을 하면서 전화로 들려오는 후보자의 목소리 타입, 어감, 톤, 친근감 등을 점검한다. 아무래도 서비스업이기 때문에 고객과의 소통이 원활할지 살피는 것이다.

전화 면접이 끝나면 대면 면접이 진행된다. 후보자는 스타벅스 매장을 방문해 근무할 매장의 분위기, 근무 환경, 파트너들이 일하는 모습을 직접 보게 된다. 이후 점장은 스타벅스 커피를 제공하고 소감을 물어본다. "어땠어요? 근무할 수 있을 것 같아요? 무척 바빠 보이죠? 전에 서비스업에서 근무해 본 경험은 있으신가요?" 이런 식으로 약 30분 정도 일대일 면접을 진행한다. 점장은 후보자가 면접 시간을 잘 지켜 매장에 도착했는지, 용모는 단정한지, 옷은 깔끔하게 입었는지, 첫인상으로 보았을 때 고객과의 소통에 무리가 없는지, 언어 사용 능력은 편안하고 고객 친화적인지, 열정은 있는지 살펴본다.

점장은 채용하고자 하는 파트너의 2~3배수 정도와 대면 면접을 진행한 후, 가장 적합한 사람을 선택해 채용 시스템에 반영한다. 그러면 DM이 2차 대면 면접을 진행한다. DM은 지역 내 점장들이 올린 최종 면접 후보자를 스타벅스 매장으로 다시 한 번 초대해 점장들이 적합한 후보자를 선발했는지, 역량이 부족한 파트너를 급하게 채용하려 하는 건 아닌지 확인한다. 특별한 결격사유가 없으면 점장이 선발한 후보자의 채용을 승인하고, 이 정보는 채용 최종 후보자로 보고된다. 인사팀은 매주 1회 후보자 최종 확인 절차를 거쳐 채용을 확정하고, 시스템을 통해 점장과 DM, 아카데미 교육 담당자에게 정보를 전달한다. 동시에 채용이 확정된 신입 파트너들에게도 입사 안내 메일을 발송한다.

채용이 확정되면 신입 파트너의 바리스타 입문 교육과정이 시작된다. 입문 교육은 서울 지원 센터와 각 지역별 교육장에서 하루 8시간 동안 진행된다. 입문 교육과정에서는 스타벅스 회사 소개, 개인 닉네임 만들기, 스타벅스 매장 사이버 투어, 스타벅스 서비스 이해하기, 음료·푸드·MD 소개, 근로계약 체결이 진행되고, 향후 교육받을 바리스타 베이직 과정도 소개한다. 교육이 완료되면 신입 파트너들은 발령받은 매장으로 출근하고, 한 달 동안 바리스타 베이직 과정을 이수하게 된다.

바리스타에 지원하는 파트너들의 나이는 여러 연령대에 고루

분포되어 있다. 고등학교를 갓 졸업한 18살 사회 초년생부터 아이가 둘 또는 셋 있는 주부에 이르기까지 다양하다. 앞서 보았듯, 채용 과정에서는 점장의 권한이 대단히 크다. 혹시 점장이 혈연, 지연, 학연이나 지인의 소개를 받아 주관적으로 판단할 위험은 없을까? 그러면 매장 내 파트너의 단합을 저해하고 궁극적으로는 스타벅스 전체의 조직 역량을 위협할 수도 있다. 그러나 걱정할 필요 없다. 스타벅스의 매장 인력 관리는 표준화되어 있고, 매우 체계적으로 운영된다. 역량이 미흡한 인력을 채용하면 그 피해는 고스란히 점장과 파트너에게 돌아간다. 따라서 점장은 자기 스스로 무덤을 팔 수도 있는 비윤리적·비효율적 채용은 절대 하지 않는다.

제주도에 근무하던 한 점장이 육아휴직에 들어가면서 자신의 친척을 소개한 적이 있다. 이 후보자는 제주도의 한 박물관에서 큐레이터로 7년 정도 일했지만 진로를 바꾸고 싶어했다. 마침 집안 모임에서 친척인 점장과 진로를 상의하다가 스타벅스에서 새로운 일에 도전하고 싶다고 생각하게 되었다. 점장은 6개월이 지난 시점에 육아휴직에 들어가면서 후보자를 스타벅스에 지원토록 하고 후임 점장에게 소개했다. 이 후보자는 입사 후 슈퍼바이저로 승격해 부점장을 준비하고 있다. 정말로 스타벅스에 잘 어울리는 파트너였다고 기억한다.

점장은 휴직 전에 자신의 채용 권한을 활용해 친척을 채용할 수도 있었지만, 공정한 채용 절차를 거쳐 후보자가 입사할 수 있도록 후임 점장에게 채용을 위임했다. 그 결과 이 파트너는 마음에 켕길 것 없이 자신감을 가지고 충분한 역량을 발휘하며 스타벅스에서 행복하게 근무하고 있다.

바리스타로 입사하면 처음에는 오후 또는 마감 근무에 주로 배치된다. 오전보다는 오후나 마감 근무가 교육과 실습을 진행하기에 적합하기 때문이다. 멘토에게 매일 1시간씩 바리스타 베이직 이론 교육을 받고 학습한 내용에 맞춰 플로어 청소, 매장 정리, 백룸 정리, 부재료 만들기, 청결 관리까지 반복적으로 실습한다.

1개월의 베이직 과정을 마치고 나면 POS 조작과 음료 제조법을 배우고 실습한다. 개인별 습득 속도에 따라 POS, 바 2 포지션에 투입되고, 3개월 차에 접어들면 바 1 직무까지 배치가 확장될 수 있다. 4개월 차가 되면 매장 오픈 업무에 투입된다. 새벽에 도착한 상품과 재료 등을 정리하고 푸드와 MD를 진열한다. 이쯤이면 신입 바리스타는 어느덧 능숙한 파트너로 성장해 자신 있는 목소리로 스타벅스 매장을 찾는 고객에게 "안녕하십니까? 스타벅스입니다!" 라고 인사하고 음료를 제조해 고객에게 제공한다.

슈퍼바이저

바리스타로서 최소 6개월을 근무하면 슈퍼바이저에 지원할 수 있다. 요즘은 슈퍼바이저 지원자가 대폭 증가하는 추세다. 바리스타로 근무하면서 학업을 병행하고 있거나, 1~2년 후에 별도 계획이 있는 경우를 제외하면 대부분의 바리스타가 슈퍼바이저에 도전한다. 몇 년 전만 하더라도 슈퍼바이저를 충당하기 위해 DM이 개별 면담을 하며 설득하기도 했지만, 지금은 경쟁률이 높아 그럴 필요가 없다. 슈퍼바이저 선발은 격월 단위로 실시한다. 전형 절차는 본인 지원, 서류 전형, 역량 진단, 면접 평가 순이다.

서류 전형에서는 최소 6개월의 근무 기간을 충족했는지, 바리스타 베이직 과정을 인증받았는지, 커피 마스터 2단계 과정까지 이수했는지와 같은 자격 조건을 확인한다. 역량 진단은 지원자와 함께 근무한 매장의 점장, 부점장, 슈퍼바이저 3인 이상의 의견을 묻는 방식으로 이루어진다. 과거 근무 기간 동안 함께 일한 멘토를 포함한 파트너의 의견이 지원자의 승격에 중요한 영향을 미치도록 설계되어 있다. 주관에 따라 평가가 왜곡될 여지는 있겠지만, 3인 이상의 의견을 충분히 반영함으로써 지원자가 상시 매장 근무에 얼마나 성실했는지, 파트너와의 관계는 원만했는지, 고객 서비스 역량은 우수했는지 등을 가장 정확하게 평가할 수 있다.

동시에 면접도 진행된다. DM으로 구성된 면접 위원이 지원자의 고객 서비스 역량과 업무 숙련도를 집중 평가한다. 면접과 역량 진단은 같은 시점에 진행되기 때문에 역량 진단 결과가 면접 평가에 영향을 미치지 않는다. 즉, 매장에서 관찰된 역량 평가 의견과 DM의 면접 평가 의견은 독립적이며, 이 두 가지를 모두 통과해야만 슈퍼바이저로 선발될 수 있다. 동료, 1차 상사, 2차 상사의 의견을 종합해 선발하기 때문에 역량이 부족한 파트너가 선발될 확률은 거의 없다고 보면 된다.

이렇게 선발된 슈퍼바이저는 1일 7시간 근무 체계로 전환되고 보상 체계도 확장된다. 근무지도 대부분 신규 매장으로 이동 발령되어 새로운 파트너와 새로운 매장 환경에서 경험을 쌓도록 한다. 슈퍼바이저는 시간대별 관리자로서 매장을 책임지는 역할을 수행하며, 단독 매장 오픈과 매장 마감, 일일 정산 업무를 담당한다. 또한 구매 발주, 매장 재고 관리, 푸드·MD 관리 업무를 수행하는 한편 매장 위생 관리도 책임진다.

ASM ^{부점장}

부점장 이상의 파트너는 1일 8시간 근무하는 풀타임 파트너가 된다. 부점장의 80% 이상은 점장으로 승격한다. 즉, 부점장으로 승격하면 특별한 결격사유가 발생하지 않는 한 대부분 점장으로 승격한다. 그래서 부점장 선발 과정은 가장 엄격하고 경쟁도 치열하다. 부점장 선발 전형은 본인 지원, 서류 전형, 인·적성검사, 역량 평가, 필기시험, 1차 면접, 임원 면접 순으로 진행된다. 슈퍼바이저로 1년 이상 근무하고, 커피 마스터 자격을 취득해야 지원 자격을 얻는다.

인·적성검사는 일반 기업체의 직무 적성검사와 비슷하다. 기획력·공간력·수리력과 같은 종합 사고력을 평가한다. 그다음 역량 평가가 진행된다. 후보자가 근무하는 매장의 점장과 지역 매니저가 평소 관찰한 후보자의 고객 서비스 역량, 직무 역량, 파트너와의 소통 역량, 리더십을 평가한다. 1차 면접은 팀장급 면접으로, 고객·파트너·상사와의 소통 역량과 문제 해결, 의사 결정, 리더십, 인성과 같은 요소를 확인한다. 2차 면접은 임원 면접으로 고객이나 파트너와의 소통 능력과 리더십을 주로 평가한다.

부점장 선발은 분기별로 진행하며, 연간 200~300명의 신입 부점장을 뽑는다. 선발된 파트너들은 합숙 입문 교육을 받은 뒤 신규 매장으로 재배치된다.

혹여 선발에 떨어졌다고 해도 좌절하기는 이르다. 6개월 단위로 재지원할 수 있기 때문이다. 역량 평가나 인·적성검사, 필기시험에서 탈락한 경우에는 곧바로 재지원할 수 있다. 최초 지원에서 부점장으로 선발되는 비율은 보통 70% 선이고, 나머지 30%는 재지원한 후보자다. 포기하지 않고 역량을 개발하면 다시 선발될 기회는 충분하다.

탈락한 파트너는 먼저 DM에게 면접에서 탈락한 사유를 피드백

받는다. 발표력이 부족해 고객이나 파트너와의 소통 능력이 우려된다든지, 자신감이 결여되어 리더십 역량의 보강이 필요하다는 등의 의견이다. 파트너는 부족한 역량을 개발하기 위해 독서량을 늘리거나 스피치 학원에 등록하는가 하면, 점장에게 개별 코칭을 요청하기도 한다. 회사에서 지원하는 사이버 대학에 입학하는 파트너도 많다. 파트너들은 나와 함께 근무하고 있는 파트너의 승격에서 강한 동기를 부여받아 자발적으로 더 열심히 근무하면서, 자기계발 또한 게을리하지 않는다.

부점장 선발 과정은 글자 그대로 투명하다. 혹시라도 부족한 파트너가 선발되면 다른 파트너들이 그를 인정하지 않는다. 파트너들에게 인정받는 파트너가 되어야 부점장이 될 수 있고, 더 나아가 점장이 될 수 있다.

부점장으로 선발된 파트너들의 면면 또한 다양하다. 두 아이를 키우고 있는 30대 후반 주부가 바리스타로 입사해 부점장으로 선발되기도 하고, 고등학교를 졸업하자마자 입사한 21살의 나이 어린 부점장도 나온다. 이들은 비록 나이가 10~20년까지 차이 나고, 학력도 고졸에서 석사까지 다양하지만 서로 닉네임을 사용하며 자유롭게 소통한다. 모두가 친구이자 동료이기 때문이다.

이들은 스타벅스의 미래를 책임질 핵심 인재이자 향후에 점장으로 양성될 요원이다. 스타벅스에 가장 많은 애착과 사랑을 가진 가족 같은 파트너들이다. 스타벅스커피 코리아는 이렇게 양성된 부점장을 최소 6개월 이상의 교육과정을 거쳐 점장으로 육성한다.

SM^{점장}

점장은 RMT라는 과정을 통해 양성된다. 이 과정은 글로벌 스타벅스 점장 육성 프로그램으로, 매장 관리자가 갖추어야 할 전반적인 사항을 교육한다. 매장 매출, 손익, 구매 발주, 매장 KPI, 법률, 관공서 행정 업무, 위생, 고객 서비스, 매장 개선 활동에 이르기까지 점장으로서 필요한 역량을 구체적으로 배워나간다. 이 과정을 이수하면 점장 선발 면접에 응시할 수 있다.

점장은 후보자의 업무 성과, 근속, 역량 평가, RMT 이수 성적, 면접 평가 등급을 종합해 선발한다. 최종 합격한 후보자는 예비 점장으로 분류되어 행정구역별 점장 후보군에 반영된다. 이후 신규 매장을 오픈하거나 매장에 결원이 발생했을 때 신입 점장으로 인사 발령을 받는다. 점장으로 발령을 받은 후에는 3~6개월간 점장으로서 업무 수행 역량을 지역 매니저에게 평가받는다. 만약 평가 결과가 미흡하면 점장 직무를 계속 수행할 수 없다. 이 평가 과정을 통과해야만 진짜 점장이 된다.

이처럼 스타벅스의 점장이 되기 위해서는 철저한 검증 과정을 거쳐야 하므로 점장이 된 후에는 많은 권한을 위임받아 매장을 관리할 수 있다. 스타벅스 점장은 풍부한 경험과 지식을 바탕으로 어떤 상황에도 대처할 수 있는 능력과 의사결정력을 갖추고 있다. 이들이 있는 한 스타벅스의 미래는 앞으로도 밝을 것이다.

DM 지역 매니저

스타벅스에는 지역 매니저 또는 DM이라는 직급이 있다. DM은 District Manager의 약어로, 글로벌 스타벅스의 직급 체계다. 일정 지역 안에 있는 10~15개의 스타벅스 매장을 총괄한다. 지역 전체 매장의 파트너, 매출, 손익, 고객 서비스, 관공서 행정 업무 지원, 위생, 매장 자산 관리 그리고 지원 센터와의 소통까지 폭넓은 업무를 책임진다. 스타벅스 지역 매니저는 최소 6년 6개월 이상 스타벅스에서 근무하고, 최소 4년 이상을 점장으로 근무해야 하는 자격 요건을 충족한 파트너다. 바리스타부터 단계를 밟아 모든 직급을 거쳐 경험을 쌓아왔기 때문에 어떤 상황도 해결할 수 있는 전문가 수준의 역량을 보유하고 있다.

선발 방식은 두 가지가 있다. 회사가 후보자를 선정하는 방식과 본인이 지원하는 방식이다. 첫 번째 방식은 점장이 되면 매년 받는 다면 평가 결과를 기초로, 후보자가 점장으로 달성한 매장 성과 평가 결과와 리더십 평가 결과를 종합한다. 인사팀이 5배수의 후보자를 선정하면, 매장을 총괄하는 운영팀에서 3배수로 압축한다. 두 번째는 파트너 자가 진단 방식으로 파트너 스스로 나는 충분한 자격이 된다고 판단해 직접 지원하는 방식이다. 직접 지원한 후보자에게 불이익을 주는 경우는 없다.

선발된 후보자를 대상으로 DM 선발 면접이 실시된다. 후보자는 근무하는 매장의 지역 상권을 분석하고 개선 방안을 도출하는 내용의 자료를 준비하고, 이를 면접 위원 앞에서 발표한다. DM은 발표 내용을 토대로 질의응답을 하고 평소 후보자가 점장으로 달성한 성과를 확인하는 한편, 직무 수행 역량과 리더십을 점검한다. 그리고 스타벅스 관리자 직무 역량 프로그램인 '해리슨 진단'을 통해 직무 타당성을 확인한다. 이 검사는 서비스업 관리자로서 업무 수행 역량을 확인하는 전문 평가다.

이렇게 해서 후보자로 선발되면 'DM100'이라는 글로벌 DM 육성 교육을 받는다. 한 달 동안 점장의 직무를 내려놓고 DM으로 갖추어야 할 직무 교육과 실습을 병행하는 과정이다. 현재 근무하고 있는 DM을 멘토로 지정하고 그의 모든 업무 수행 활동을 옆에서 관찰하면서 과제를 받아 학습한다. 이 과정을 거쳐 선발된 최종 후보자는 DM으로 인사 발령을 받고 본격적으로 업무에 임한다.

스타벅스커피 코리아에는 현재 100여 명의 DM이 있다. 이들은 지역을 관리하는 DM과 지원 센터의 스태프로 각 팀에 근무하면서 매상의 풍부한 경험과 지식을 바탕으로 핵심 업무를 수행한다. 나는 개인적으로 지역 매니저를 존경한다. 그들의 열정과 파트너들과의 소통 능력 그리고 배려심이 부럽다. 어떤 업무가 주어져도, 아무리 어려운 여건이라도 무리 없이 업무를 완수하는 불사조 같은 역량을 발휘하는 그들이 고맙고 감사하다. 바리스타로 시작해 지역 매니저로 성장하기까지 얼마나 어려운 과정이 있었겠는가? 그들은 그 수많은 난관을 헤쳐오면서 젊음과 신념을 스타벅스와 같이하고 있다. 그들이야말로 매출 1조 원 신화를 창조한 스타벅스커피 코리아의 진정한 주인공이다.

지식과 경험을 겸비해야 하는
공채 시스템 ASM-T

 실력과 열정을 가진 자만이 살아남는다

스타벅스커피 코리아는 2011년부터 ASM-T라는 대졸 신입 사원 공채 제도를 시행하고 있다. 정부가 대졸 청년 실업 문제 해결책을 찾기 위해 다양한 정책을 추진하면서 각 기업의 참여를 적극적으로 요청하던 시기에 도입된 제도다. 그전까지는 고졸 이상의 학력 소지자면 누구나 바리스타로 입사할 수 있고, 학력이나 연령, 성별, 장애, 혼인 여부에 관계없이 오로지 역량을 기준으로 점장과 지역 매니저로 성장할 수 있었기 때문에 별도의 대졸 공채 제도가 없었다.

그러나 우리는 정부의 청년 실업 해소와 지방 출신 인력 고용 확대 정책에 동참하는 것이 이웃에 기여하는 스타벅스의 사명을 따르는 일이라고 판단했다. 내부 양성 제도에 다소 어려움은 예견되었지만, 고민 끝에 매장 관리직 대졸 공채 제도를 도입하기로 했다.

정부 시책에 호응한다는 명분도 있었지만, 내부적으로는 제주도, 강원도, 전라도, 충청도, 경상북도와 같이 인력 육성이 쉽지 않거나 더디게 진행되는 지역에서 인력 확보가 가능해졌다. 채용 채널 다변화로 일부 남아 있던 바리스타 '기수 문화'와 '줄서기 문화'를 없애고, 수평적 조직 문화를 정착시키는 데도 도움이 되었다.

내부 경쟁 체제를 도입하자 파트너들이 자발적 자기계발을 실시함으로써 과거의 업무 경험에만 의존하는 문제점도 없어지기 시작했다. 이제 스타벅스의 리더는 전문 지식, 인성, 외국어, IT를 비롯한 경영 전반의 전문 역량을 갖춘 인재가 되어야 한다는 것이 파트너들에게 각인되었다. ASM-T 제도 도입은 기존 파트너들에게 자기계발의 동기를 부여했다. 경영학에서 말하는 '메기론'이 접목되는 순간이었다.

메기(물고기 메기를 뜻한다)론이란 기업 경쟁력을 키우기 위해서는 적절한 위협 요인과 자극이 필요하다는 경영 이론이다. 미꾸라지를 기르는 논에 메기를 몇 마리 같이 풀어두면, 미꾸라지들이 메기에게 잡아먹히지 않으려고 기를 쓰고 도망 다니면서 자란다.

물론 메기에게 잡아먹히는 미꾸라지들도 있지만, 결과적으로는 미꾸라지만 키우는 논보다 오히려 수도 훨씬 많아지고 튼실해진다는 것이 메기론의 골자다. 영국의 경제학자이자 역사학자였던 아놀드 토인비Arnold Toynbee 박사가 즐겨 사용한 용어인데, 국내에서는 삼성이 처음 도입했다.

우리는 ASM-T 선발 과정에서 외부 파트너 80~90%와 내부 파트너 10~20%를 선발하는 혼용 방법을 도입했다. 자격 요건만 갖췄다면 내부 파트너에게도 동등한 지원 기회를 부여함으로써 내부 불만을 최소화하려고 했다. 또한 내부 파트너가 ASM-T 새내기 파트너의 멘토 역할을 하게 함으로써 새내기들이 빠르게 스타벅스에 적응하도록 도모했다. 이 방법은 성공했다. 내부 파트너들도 동등한 기회를 부여받았기 때문에 불만 없이 멘토 역할을 제대로 수행했다.

ASM-T 대졸 공채에는 매년 수천 명의 후보자가 지원하고 있다. 30~50명 규모의 인력 선발에도 불구하고 꾸준하게 5,000명 이상의 지원자가 몰린다. 선발 경쟁률은 100대 1은 기본이고, 어떤 때는 200대 1까지 치솟기도 한다. 내부 파트너의 선발 경쟁률도 비슷하다.

ASM-T 선발 전형은 통상 매년 연말에 실시한다. 전형 절차는 채용 공고, 이력서 제출, 서류 전형, 직무 적성검사, 리포트 평가, 팀장 면접, 임원 면접, 신체검사 순이다. 서류 전형 과정에서는 주로 자기소개서를 확인한다. 지원 동기가 명확한지, 서비스업에서의 미래 비전은 무엇인지, 서비스업 경험은 있는지, 리더로 활동한 경험이 있는지, 외국어 구사 능력은 있는지 파악한다. 추가로 가장 기본적인 문장의 논리성과 오탈자 같은 요소를 본다. 직무 적성검사는 일반 기업체의 적성검사와 비슷하다. 이해력·공간력·수리력 등을 정해진 시간 안에 해결하는 방식이다.

리포트 평가는 현장에서 근무해야 하는 매장 관리직의 특성을 고려한 전형이다. 입사 후 실제 일을 해야 하는 스타벅스 매장을 직접 방문해 서비스를 제공받는 입장이 아닌 제공하는 입장을 관찰하게 한다. 그리고 그 체험 결과를 후보자가 보유하고 있는 잠재 역량과 혼합해 향후 매장 관리자로서의 분석 능력을 평가한다. 예를 들면 이렇다.

리포트 평가 과제

다음 두 가지 과제 중 택 1 하여 리포트를 제출하세요.

1) 스타벅스 2개 매장(드라이브 스루 매장, 일반 매장)을 방문해 매장 상권, 인테리어, 고객, 파트너, 음료, 푸드, MD 등 7개 항목을 비교한 뒤 장단점을 분석하고, 해당 매장 점장이 되었을 때 매장 효율을 높이기 위한 개선 방안을 도출하세요.

2) 스타벅스 1개 매장과 동종 업계 1개 매장을 방문해 매장 상권, 인테

리어, 고객, 파트너, 음료, 푸드, MD 등 7개 항목을 비교한 뒤 장단점을 분석하고, 해당 매장 점장이 되었을 때 매장 효율을 높이기 위한 개선 방안을 도출하세요.

　과제를 받은 후보자는 과제 수행을 위해 직접 매장을 방문해야만 한다. 최소 3시간 이상은 매장에 머무르면서 인테리어를 살펴보고, 매장에서 판매되는 푸드, MD, 음료 제조 과정을 곁눈질해 가며 꼼꼼하게 관찰해야 한다. 아울러 고객의 표정, 음료를 서비스받은 고객의 반응을 점검하고, 파트너가 어떻게 서비스를 제공하는지 놓치지 말고 확인해야 한다. 사진을 찍기도 하고 고객과 인터뷰도 하면서 학부 시절 과제를 수행한 경험을 살려 조사 결과를 정리해야 한다. 드라이브 스루 매장을 관찰하기 위해서는 직접 차를 타고 음료를 주문하면서 파트너가 어떻게 음료를 서비스하는지 확인해야 한다.

　리포트 전형은 회사 입장에서는 후보자의 진정성을 판별할 수 있는 기회를 제공하는 한편, 후보자 입장에서는 본인이 근무할 사업장을 직접 눈으로 확인하고 개선 보고서를 작성함으로써 본인의 처음 생각과 실제 모습에 차이가 없는지 확인하게 해준다. 리포트 전형을 진행하다 보면 후보자의 열정도 확인할 수 있다. 운전면허가 없는 후보자는 주말에 부모님이나 친구와 함께 드라이브 스루 매장을 관찰한다. 여러 번 드라이브 스루로 진입해 주문을 하니까 의아하게 생각한 파트너가 "어? 아까 방문하신 고객님 아니세요?" 하고 되묻는 해프닝도 있다. 열정이 넘치는 후보자는 매장을 시간대별로 방문해 관찰한다. 아침, 점심, 저녁 그리고 심야 시간까지 4차례 세분화해 방문하고, 시간대별 매장 변화를 꼼꼼하게 기록하는 후보자도 있다.

리포트 과제를 수행하면서 다소 성격이 급하거나 일반 대기업의 사무직 대졸 공채를 생각한 후보자들은 대부분 중도 포기한다. 오직 스타벅스에 열정을 가진 후보자들만이 심혈을 기울여 매장을 관찰하고 리포트를 작성해 학부 시절보다 더 정성이 담긴 리포트를 제출한다. 우리는 제출된 리포트를 꼼꼼하게 읽어보고 지원자가 직접 방문해 조사하지 않은 듯한 리포트는 가려낸다. 예를 들어 본인이 직접 찍은 사진이 하나도 없고 스타벅스 홈페이지에 있는 사진을 그대로 사용했다든가, 내용이 너무 부실하다든가 하는 후보자는 이 전형에서 탈락한다.

리포트 평가를 통과하면 면접 전형이 기다리고 있다. 면접 전형은 인성 면접, 직무 면접, 필기시험, 스타벅스 소개로 구성된다. 필기시험은 스타벅스 홈페이지 내 정보와 언론 기사를 중심으로 한 객관식 문항이다. 스타벅스에 대한 최소한의 관심도를 점검하는 단계다. 스타벅스 소개는 면접에 참여한 후보자에게 선발 시 근로

조건, 훈련 과정, 향후 성장 로드맵 등을 간략하게 알리는 과정이다. 이 절차를 통해 후보자의 생각과 채용 후 본인이 생각하는 모습이 다른 경우를 대비하고, 상황에 따라서는 자발적 이탈을 유도하기도 한다.

인성 면접은 일반 회사와 큰 차이가 없다. 다만 직무 면접에는 면접 위원으로 매장 경험이 풍부한 지역 매니저가 참여한다. 이들은 후보자가 매장 방문 개선 리포트를 발표했을 때 그가 직접 매장을 방문했는지 하지 않았는지의 진위 여부를 바로 확인할 수 있다. 또한 질의응답을 통해 후보자의 분석력과 개선 방안의 타당성을 검증한다.

신선한 자극제가 된 ASM-T 파트너들

어려운 채용 과정을 모두 통과하고 최종 선발된 ASM-T 파트너들은 1년 동안 인턴 과정을 이수해야 한다. 이들 역시 가장 기본부터 시작한다. 예외는 없다. 약 2주간의 입문 교육을 마치면 매장에 배치되어 바리스타, 슈퍼바이저로 직무 체험을 한다. 갓 입사한 바리스타가 스타벅스를 처음 배울 때처럼 바리스타 베이직 과정부터 시작하는 것이다. 매장 플로어 정리, 백룸 청소, 레시피

외우기에 이르기까지 바리스타 실습은 약 5개월간 진행된다.

실습이 종료되면 점장의 평가를 받고, 직무 필기시험을 본다. 이후 종합 평가 결과를 통과하면 다른 매장으로 이동해 슈퍼바이저 실습 과정에 참여할 수 있다. 슈퍼바이저 실습 과정 또한 다른 파트너들과 똑같이 치러진다. 종료 시점에 점장은 실습 평가와 필기시험을 진행하고, 최종 평가 점수를 종합해 부점장 승격을 결정한다. 물론 커피 마스터 과정은 필수 조건이기 때문에 1년 안에 반드시 취득해야 하며, 그렇지 못하면 승격에서 제외된다. 입사 후에 본인이 생각했던 모습과 괴리감을 느껴 자진 퇴사하는 파트너도 있지만 다행히 많지는 않다.

새로운 제도 대부분이 그렇듯 처음 ASM-T 제도를 도입했을 때는 기존 제도 안에 이를 정착시키는 데 어려움이 적지 않았다. 점장들이 ASM-T 파트너가 매장에 배치되는 것을 상당히 부담스러워한 때문이다. 원인은 매장 파트너들과의 소통 문제였다. 직책은 부점장이지만 실제 업무 능력은 음료도 만들 줄 모르는 갓 들어온 신입 바리스타와 똑같기 때문에 형평성에 어긋난다는 의견도 많았다.

그러나 6년이 지난 지금 이 제도는 잘 정착되고 있다. ASM-T로 입사한 파트너들 스스로 나는 대졸 공채로 입사한 파트너라는 자만심을 버리고 매장의 신입 바리스타를 포함한 모든 파트너와 진심으로 소통하고 배우려고 노력했기 때문이다. 신입 파트너들은 매장 업무를 빠르게 배워나갔고, 서비스 능력도 매우 우수했다. 직업으로 선택해서인지 더 열정적인 모습을 보여주었다.

그 성과는 고객에게서 돌아왔다. ASM-T 파트너의 서비스를 제공받은 고객의 칭찬 글이 꾸준하게 증가하면서 파트너들도 이들을 인정하기 시작했다. 이제는 ASM-T 파트너를 서로 자기 매장으로 데려가려고 로비 아닌 로비를 한다. 몇 년 전부터는 ASM-T 출신 점장이 배출되기 시작해 곳곳에서 실력을 발휘하고 있다. 이런 모습이 시너지 효과를 내면서 바리스타로 입사해 더 어려운 난관을 뚫고 점장이 된 파트너들의 실력 또한 일취월장했다. 전체적으로 상향평준화가 되었다고 해도 과언은 아니다. 어느 한 명도 부족함이 없을 정도로 점장의 수준이 높아지면서, 매장 관리 역량과 매장 효율 또한 동반 상승하는 모습을 보여주고 있다.

바리스타부터 성장한 파트너와 ASM-T 출신을 미꾸라지와 메기같은 먹이사슬 관계로 비교할 수는 없지만, 적어도 서로가 서로에게 자극제가 되고 동기를 부여하는 원동력이 되어 전체적인 역량 강화에 도움이 된 것만큼은 분명하다.

———————————— 스타벅스, 공간을 팝니다 ————————————

4장

미션 0

스타벅스커피
코리아에
장벽은 없다

스타벅스를 움직이는 힘, 수평적 조직 문화

 왜 스타벅스에서는 영어 닉네임을 쓸까?

스타벅스 매장에서 커피를 주문한 후에 바를 지켜보고 있으면, 파트너가 서로를 영어 닉네임으로 부르는 모습을 볼 수 있다. 이미 이런 모습에 친숙해진 고객도 많지만, 일부는 '좋은 한국어 이름 놔두고 왜 영어 닉네임을 쓰지? 스타벅스가 외국계 회사라서 그러나? 아니면 그냥 멋있어 보여서 그러나?' 하고 의아해한다. 하지만 파트너들이 서로를 닉네임으로 부르는 것은 단순히 멋있어 보여서 그러는 것이 아니다. 이는 스타벅스커피 코리아가 추구하는 수평적 조직 문화의 하나다.

최근 들어 한국 대기업은 직급 파괴, 서열 파괴를 위해 호칭을 통일하는 제도를 도입하고 있다. CJ 그룹이 직급에 관계없이 직원 간 호칭을 모두 '님'으로 통일한 것은 잘 알려져 있다. 네이버도 '님' 호칭 문화를 도입했고, SK는 '매니저'라는 호칭을, 제일기획은 '프로'라는 호칭을 사용한다. 2015년에는 삼성이 공통적인 호칭은 '님'으로 사용하되, 업무 성격에 따라 '님', '프로', '선·후배님' 또는 영어 이름 등의 수평적인 호칭을 자율적으로 사용할 수 있도록 하고 팀장·임원 이상에 한해 직책을 부르는 제도를 도입했다는 보도가 있었다. 새로운 호칭 문화가 조직에 어떤 변화를 불러오고 있을지 사뭇 궁금한 대목이다.

　　스타벅스는 1999년 한국에 처음 진출했을 때부터 영어 닉네임을 사용하고 있다. 바리스타부터 대표이사까지 모두 닉네임을 쓴다. 인트라넷 조직도를 보면 이름 옆에 닉네임이 등재되어 있다. 파트너가 자신의 닉네임을 등록하면 인사 시스템과 연동되어 인트라넷에 자동으로 정보를 제공한다. 모바일 인트라넷에도 물론 닉네임이 표시된다. 지원 센터의 모든 파트너 책상 앞에도 이름 대신 닉네임이 있고, 매장의 모든 파트너도 근무 시 착용하는 앞치마 오른쪽에 닉네임이 쓰인 이름표를 부착한다. 워낙 닉네임을 널리 사용하다 보니 가끔 업무 메일을 보낼 때 수신자의 이름이 기억나지 않아 옆 파드니에게 이름을 붙어보는 해프닝도 있다.

2장에서 사이렌 오더와 함께 '콜 마이 네임' 서비스를 소개한 바 있다. 단순히 이름을 호명할 때보다 닉네임을 부를 때 고객들이 더 재미있어하고 즐거워하던 모습을 기억할 것이다. 이처럼 닉네임은 사람 간의 관계를 편하게 해주는 묘약에 가깝다. 상사가 친구 같고 동료 같다. 대화하기도 편하고 자기 의견을 전달하기에도 수월하므로 지원 센터나 매장에서 파트너들이 자유롭게 일하는 모습을 항상 볼 수 있다. 어떤 때는 하도 격의 없이 대화를 하다 보니 모르는 사람이 보면 싸우는 것처럼 보일 때도 있을 정도다. 직위에 관계없이 원래 이름에 '님'을 붙이는 호칭 문화도 장점은 있지만 높임말이다 보니 아무래도 거리감이 생기는데, 영어 닉네임을 사용하면 파트너들의 사이가 더욱 가까워지고 격의 없는 소통도 더욱 원활해진다.

수평적 조직 문화를 위한
스타벅스커피 코리아의 독특한 제도

요즘은 많은 기업이 '수평적 조직 문화'를 외치면서 여러 가지 제도와 문화 개혁을 시도한다. 하지만 뿌리 깊은 기존 문화와 인식이 수평적 조직 문화와 부딪치면서 흐지부지되거나 제도와 실제 문화가 물과 기름처럼 섞이지 못하는 경우도 적지 않다. 앞서 소개한 호칭 문화 이외에도 다양한 방법으로 수평적 조직 문화를 뿌리내리려는 스타벅스커피 코리아의 노력들을 소개한다.

칭찬 문화

MBC에서 방영된 〈몬스터〉라는 드라마가 있다. 도도그룹의 미래전략실을 배경으로, 기업 간 암투와 주인공들의 사랑을 다루는 드라마였다. 이 드라마에 미래전략실장이 도도그룹 빌딩 1층 로비 게시판에 인사 발령을 게시하고, 이를 직원들이 보고 있는 장면이 나왔다. 요즘에도 기업이 인사 발령을 저런 식으로 직원에게 공지할까 싶었다. 삼성에 근무할 때는 '승격'이라는 제목에 성명이 가나다 순으로 나열된 엄격한 느낌의 발령을 인트라넷에서 본 적이 있다. 인사 발령은 회사에서 아주 중요한 사안인 만큼 무척 딱딱한 포맷으로 공지되는 경우가 많을 것이다.

스타벅스커피 코리아는 파트너의 인사 발령을 인트라넷을 통해 알린다. 요즘은 인트라넷 공지가 특별할 것 없지만, 우리 회사의 특이한 점은 '댓글'이다. 온라인 신문 기사가 나가면 독자들이 공감 또는 반대 의견을 수백 개씩 올린다. SNS에 올린 글에도 '좋아요'와 댓글이 주르륵 달린다. 스타벅스 인사 발령 글에서도 이런 모습을 볼 수 있다. 수십 개에서 많을 때는 수백 개의 댓글이 줄을 잇는다.

함께 근무하는 파트너, 혹은 교육이나 회의에서 만난 파트너들이 올리는 축하 메시지다.

'바니! 바나바니! 얼마나 기다렸던 발령인지, 눈물 나게 기쁜 순간이다. 너무너무 축하해, 올해는 결혼부터 시작해서 축하할 일만 가득가득이네. 앞으로도 올해처럼 기쁜 일만 가득하길! 늘 옆에서 응원할게!'

승격된 파트너의 이름을 확인하는 것보다 댓글로 달린 축하 메시지를 읽는 것이 더 재미있고 즐거울 정도다. 인사 발령 담당 파트너는 달린 댓글 중에서 가장 감동적이고 재미있는 댓글을 골라 해당 팀 또는 매장으로 피자나 정성이 담긴 작은 선물을 보내준다. 기쁨이 2배가 되는 순간이 아닐 수 없다.

이처럼 스타벅스커피 코리아는 팀워크를 북돋는 조직 문화를 만들어간다. 고객의 소리에 파트너 칭찬 의견이 접수되면 동료 파트너들이 함께 축하하는 문화도 만들어가고 있다. 칭찬받은 파트너가 다시 다른 파트너를 칭찬하는 칭찬 릴레이도 시행 중이다. 칭찬은 스타벅스 파트너에게 무한한 긍정 에너지를 심어준다. '칭찬은 고래도 춤추게 한다'고 하지 않는가?

작년부터는 인트라넷에 자유토론방도 운영하고 있다. 익명을 사용하기 때문에 자신의 신분을 노출하지 않고 허심탄회하게 하고 싶은 이야기들을 경영진, 지원 센터, DM, 점장뿐만 아니라 파트너 자신에게도 쓸 수 있다. 2016년 삼성전자는 갤럭시 노트 7의 배터리 폭발 사고가 발생하자 시장에 나온 250만 대 전량 교체라는 천문학적 비용의 리콜을 발표했다. 이때 결정적인 역할을 한 것이 삼성전자 오픈 게시판이었다고 한다. 'PS Profit Sharing, 성과급의 일종를 받지 않아도 좋으니 리콜을 해야 한다'는 무선사업부 연구원의 의견에 1,200여 개의 댓글이 달리면서 사내 의견이 공론화되었고, 이것이 경영진의 의사 결정에 반영되었다는 사실은 언론 보도를 통해 잘 알려져 있다. 이 리콜로 삼성전자는 많은 비용을 지불해야 했지만, 시장은 오히려 삼성전자와 고객의 신뢰를 쌓아 올린 리콜이라 평했다. 스타벅스커피 코리아도 유사한 형태의 오픈 게시판을 통해 파트너의 의견을 경영에 반영하고 있다.

자유로운 조직 문화

스타벅스커피 코리아의 전체 파트너 중 80% 이상은 여성이지만 이른 아침부터 늦은 밤까지 매장에서 함께 근무하던 남녀 파트너가 서로의 성실하고 진실한 모습에 인연을 쌓아 결혼까지 골인하기도 한다. 이렇게 백년가약을 맺은 스타벅스 커플이 50쌍이 넘는다. 서로 일하는 모습을 잘 이해하기에, 도우면서 아름다운 인연을 만들어갈 수 있었을 것이다.

한국의 일부 기업에서는 조직 분위기를 해친다는 이유로 사내

연애를 금지하거나, 결혼을 하면 한 명은 퇴사하도록 압력을 주기도 한다. 우리는 사내 결혼인 경우에도 인사 정책상 불이익이 가지 않도록 절대적으로 배려한다. 한 스타벅스 파트너 부부는 아내가 점장인 반면 남편은 슈퍼바이저였다. 남편은 부점장 면접에서 3번 넘게 고배를 마셨지만 아내의 격려에 용기를 내어 좌절하지 않고 다시 도전한 끝에 마침내 부점장 승격의 기쁨을 누릴 수 있었다.

인연이 매장 안에서만 이루어지는 것은 아니다. 지원 센터 남자 파트너가 매장 실습을 갔다가 매장 업무를 꼼꼼하게 가르쳐준 여자 점장에게 매력을 느껴 프러포즈를 하고 결혼까지 골인한 커플도 있다. 지금은 쌍둥이까지 낳아 행복하게 부부 생활을 하고 있다.

스타벅스커피 코리아의 자유로운 조직 문화를 상징하는 또 하나의 제도는 '의자 없는 회의실'이다. 지원 센터의 모든 회의실에는 의자가 없는 대신 회의 테이블의 다리가 높다. 파트너의 건강과 적당한 시간의 회의 문화를 조성하기 위해 서서 회의를 하도록 하고 있다.

또 오후 5시 30분이면 지원 센터 사무실 전체에 높은 데시벨의 음악이 울린다. 시끄러운 음악 소리에 자리에 앉아 있을 수가 없을 정도다. 정시에 퇴근해서 여가를 즐기고 자기계발을 하라는 뜻이다. 이 음악은 1시간 이상 계속되기 때문에 버텨낼 재간이 없다. 퇴근하는 것이 상책이다. 대신 낮에 업무 집중력을 높여 근무해야 한다.

파트너들의 심리 안정을 지원하는 심리 상담 프로그램도 있다. 한국EAP협회와 함께 운영하고 있는 EAPEmployee Assistant Program, 직장인 지원 프로그램는 파트너들이 회사에서 겪는 직무 스트레스, 조직 내 관계 갈등, 경력 개발, 시간 관리부터 개인적인 대인 관계, 의사소통까지 인생 전반에 걸친 라이프 코칭을 제공한다. 면담은 대면 상담, 유선 상담, 온라인 상담까지 다양한 방법으로 진행한다.

파트너 의견 반영 프로그램

스타벅스커피 코리아는 파트너의 쓴소리까지 겸허하게 듣고 이를 해결하기 위한 프로그램을 운영한다. 한 예로 매장 관리자인 점장을 신규 선발하거나 중요도가 더 높은 매장으로 인사 발령을 할 경우, 해당 매장 파트너들의 다면 평가 의견을 인사에 적극 반영한다. 평소 매장에서 근무하는 모습을 보고 파트너들이 직접 느낀 점장의 리더십, 파트너나 고객과의 소통 능력, 매장을 운영하는 직무 능력으로 구분해 솔직한 의견을 무기명으로 종합하는 것이다. 이런 다면 평가 때문에 다소 위축되는 점장이나 부점장도 있긴 하겠지만 대부분의 점장과 부점장은 이를 의식하지 않고 평소 소신대로 매장을 운영한다.

'스토어 포럼Store Forum'이라는 프로그램도 운영되고 있다. 지원센터 파트너와 매상 파트너 간의 소통을 활성화하기 위해 매월 팀당 지원 센터 파트너 3명, DM 3명, 점장 6명 등 약 10명 내외로 팀원을 구성해 하루 종일 난상 토론을 벌이는 프로그램이다. 임원 이상의 경영자는 제외하기 때문에 하고 싶은 이야기를 다 쏟아내게 된다. 이 회의를 주관하는 행복추진팀은 단 하나의 의견도 가감하지 않고 경영진에 보고하고, 각 팀은 개선 의견을 도출한다. 제출된 의견은 모든 파트너가 볼 수 있도록 게시판에 공개된다. 파트너들은 자신의 의견이 반영된 모습을 보고 회사를 신뢰하며 더욱 열심히 근무하게 된다.

글로벌 스타벅스 차원에서 매년 정기적으로 실시하는 '파트너 경험 조사Partner Experience Survey'라는 프로그램도 있다. 회사 경영 전 분야에 대한 파트너 만족도와 매장 근무 경험 조사로, 국가별 점수도 산출된다. 행복추진팀은 이 프로그램을 통해 파트너의 고충을 듣고 개선한다. 실제 파트너들이 체감할 수 있는 개선을 이루기 위해 파트너들이 자율적으로 참여하는 H2OHigh five, Happiness, Onward, 다같이 파트너의 행복을 위해 앞으로 나아가자라는 조직도 운영 중이다. 부점장으로 구성된 H2O는 파트너들을 직접 만나 고충을 듣고 상담을 진행하며, 비공개로 의견을 정리해 행복추진팀과 함께 개선 활동을 하고 있다.

이 같은 다양한 프로그램을 통해 스타벅스커피 코리아는 특유의 조직 문화를 구축해 왔다. 임원에서 매장 직원에 이르기까지 눈치 보지 않는 허심탄회한 소통, 파트너의 자율성을 신뢰하는 자유로운 문화 그리고 통제와 금지보다는 파트너도 만족할 수 있는 새로운 아이디어를 통해 건강한 회사 문화를 유도해 나가고 있다.

감동과 변화의 중심,
장애인 바리스타

 ## 장애인에게 스타벅스의 문을 열다

내가 처음 입사한 2011년, 스타벅스커피 코리아에는 장애인 파트너가 단 한 명도 없었다. 그래도 1~2명은 있지 않을까 싶어서 연말정산 때 장애인 등급 신고를 하면 세금 감면 혜택이 있다는 사내 게시문을 내보냈다. 그러자 경중 등급 장애인 파트너 3명이 신고했다. 그들은 혹시나 장애가 있는 것이 알려지면 인사상 불이익을 받지 않을까 하는 마음에 그 사실을 말하지 않았다고 털어놓았다.

이처럼 장애인은 기업에서 근무하는 데 많은 어려움을 겪고 있다. 장애인 스스로도 부담감을 떨치지 못하고, 기업도 장애인 고용을 꺼리는 경우가 적지 않다.

한국에는 장애인고용부담금 납부 제도가 있다. 법으로 정해진 장애인 의무고용 인원에 미달하는 수에 따라 사업주가 부담해야 하는 비용이다. 2014년 장애인 고용 현황에 따르면, 30개 그룹 중 24개 그룹이 장애인 의무고용률 미달로 나타났다. 특히 도매·소매업의 고용 미달률은 40%를 넘었다고 한다. 매장에서 직접 고객을 상대해야 하는 서비스업 특성상 고객의 불편을 감안해 장애인 채용을 적극적으로 하지 않고, 차라리 장애인고용부담금을 내는 것이 낫다고 생각하는 기업이 많다.

2011년 당시 스타벅스커피 코리아도 파트너가 4,000여 명을 넘어서고 있었기 때문에 장애인고용부담금도 상당했다. 우리는 근본적으로 다시 접근했다. 스타벅스는 한 잔의 커피, 한 분의 고객, 우리의 이웃에게 정성을 다하겠다는 사명이 있다. 그런데 왜 우리는 장애인 바리스타를 채용하지 않는 걸까? 장애인도 우리의 이웃이며, 누구보다도 더 관심을 갖고 도와야 할 사회적 약자인데 말이다. 그러나 회사 내에서 감히 누구도 장애인 파트너를 채용하겠다는 생각을 못했던 것 같다. 설사 채용한다 하더라도 장애인 파트너가 음료를 만들어 고객에게 서비스를 제공할 수 있을까 의심하기도 했고, 가능하너라노 고객의 클레임이 쏟아질 것이라고도 생각했다.

그래도 우리는 장애인 바리스타를 적극적으로 채용하기로 결정했다. 스타벅스의 사명을 실천하고 기업의 사회공헌에 앞장서기 위해서였다. 가장 먼저 해결해야 할 과제는 매장을 책임지고 있는 점장들의 이해와 동참을 유도하는 것이었다. 장애인 바리스타를 고용하면 함께 근무해야 할 관리자들이기 때문에 그들이 마음을 열지 않으면 고용 자체가 불가능하다고 보았다.

2012년 6월, 우리는 우선 장애인 고용을 전담하고 있는 한국장애인고용공단과 장애인고용촉진협약을 체결했다. 우리 힘만으로 장애인 고용을 하기에는 많은 어려움이 예상되었기 때문에, 전문성을 갖춘 공단과의 협업은 장애인 고용에 매우 효과적인 수단이었다. 장애인고용공단은 1990년 장애인고용촉진 등에 관한 법률이 공포된 뒤 장애인이 직업 생활을 통해 자립할 수 있도록 돕고, 사업주의 장애인 고용을 전문적으로 지원하기 위해 설립된 공공기관이다. 전국에 장애인 훈련원 및 18개 지사를 운영하고 있다. 공단은 자체 네트워크와 외부 활동으로 스타벅스 근무를 희망하는 중증 장애인을 모집했다. 여기에 지원한 장애인을 대상으로 채용 면접을 실시해 근무가 가능하다고 판단되는 장애인을 후보자로 선발했다.

그러나 선발된 중증 장애인을 매장에 바로 근무시키기에는 많은 부담이 따랐다. 경험도 없을뿐더러 어떻게 그들과 함께 일을 해야 할지 방법조차 몰랐기 때문이다. 그래서 장애인관리공단의 지원 아래 4주간 장애인 바리스타 실습 과정을 개설했다. 교육은 주로 스타벅스의 직무를 소개하고 근무할 매장의 환경을 이해시킨 뒤 경험을 쌓는 방식이었다. 그다음 스타벅스 매장에 실습생으로 배치해 3주 동안 매장 업무에 적응하도록 했다. 이 과정을 통해 장애인 바리스타의 적응 능력을 관찰하고 근무 적합성을 평가했다. 장애인 파트너 스스로도 실제로 매장 근무가 가능할지 생각할 수 있는 시간이기도 했다.

우리는 실습을 지원하기 위해 장애인 바리스타가 배치된 매장의 점장과 파트너에게 장애인 인식, 대화법, 수화법을 교육했다. 추가로 장애인 바리스타 1명당 장애인 지도사 1명을 배치해 함께 일을 하면서 파트너들과의 소통을 돕게 했다. 실습 도중에 사고라도 생기면 어쩌나 걱정이 많았는데, 다행스럽게도 큰 사고 없이 3주간의 실습이 끝났다.

우리는 점장, 장애인 지도사, 본인과 부모님의 의견을 종합해 장애인 바리스타의 근무 가능성을 종합 진단했다. 아쉽게도 근무가 어렵다고 판단된 장애인 파트너는 장애인 지도사와 부모님이 잘 설득해 돌려보냈다. 부모님들은 이런 기회라도 주서서 고맙다고 거듭 인사를 하면서 눈물을 보이셨다. 지켜보는 우리도 안타까운 마음에 뭐라 위로의 말씀을 드릴 수가 없었다.

장애인 바리스타가 가져온
놀라운 변화들

　　우여곡절 끝에 모든 과정을 통과한 15명의 중중 장애인이 스타벅스 장애인 공채 1기 바리스타로 최종 채용되었다. 우리 모두 축하의 박수를 보냈다. 그러나 앞으로의 일이 더 걱정이었다. 과연 그들이 잘할 수 있을까? 잠이 오지 않았다.

　　걱정은 곧장 현실로 다가왔다. 장애인 파트너를 관리하는 매장의 점장과 파트너들의 고충이 수시로 접수되었다.

　　"장애인 파트너를 채용하는 것이 스타벅스 취지에 맞다는 데는 저도 동의해요. 하지만 죄송한데, 아무래도 매장 근무는 아닌 것 같아요."

　　"매장에 오셔서 직접 장애인 바리스타와 함께 근무해 보시면 아실 거예요."

　　"말이 안 통하는 것은 그렇다 치더라도, 고객과의 마찰과 클레임이 너무 많아요."

　　"어제는 장애인 파트너가 매장 플로어를 청소하다가 실수로 컵을 깨뜨렸는데, 고객이 그 파트너가 장애인 바리스타인지 모르고, 파트너가 사과도 안 하고 이상한 표정으로 기분 나쁘게 쳐다본다며 엄청난 클레임을 하셨어요. 간신히 장애인 바리스타임을 말씀

드리고 거듭 사과를 드려서 해결은 했지만, 장애인 파트너도 크게 상처를 받았어요."

예상은 했었지만 생각보다 심각했다. 해결 방법이 떠오르지 않았다. 그래서 장애인관리공단 관계자와 협의하고, 적응이 더딘 장애인 바리스타를 위해 장애인 지도사를 다시 매장에 파견해 같이 일하도록 했다. 그리고 스타벅스 파트너 중에서도 장애인 파트너를 전담으로 관리할 수 있는 인력을 선발했다.

다행히 사회복지학을 전공하고 장애인 관련 기관에서 봉사 활동 경험이 많은 부점장을 선발할 수 있었다. 이 파트너는 매장 경험이 풍부하고, 장애인 지도 경험도 보유하고 있었기에 점장의 마음과 장애인 바리스타의 심정을 모두 이해할 수 있었다. 부점장 스스로도 보람된 일을 할 수 있다는 생각에 더 적극적으로 소통 창구가 되어 해결책을 찾기 시작했다. 4시간이 넘도록 장애인 파트너의 고충을 들어주고 해결하려는 그의 모습을 보면서 조금이나마 안심이 되었다.

우리는 점장과 파트너의 애로 사항을 들어주고 건의 사항을 종합해 개선 방안을 마련했다. 고객의 오해를 피하고 이해를 돕기 위해서 장애인 바리스타를 소개하는 POP를 제작해 매장 바에 부착했다. 장애인 바리스타 전용 배지를 만들어 앞치마에 붙이기도 했다. 혹시 거부감을 갖는 장애인 파트너가 있을지도 모른다는 생각에 당사자는 물론 부모님들에게까지 일일이 확인 절차를 거쳤다. 스타벅스의 노력에 부모님들도 발 벗고 나서서 도왔다. 자녀들의 출퇴근을 돕는 것은 물론 다른 파트너들을 만나 한 명 한 명 손을 잡고 고마움을 표시했다.

이 모습에 함께 근무하는 비장애인 파트너들도 마음에 변화를 일으키기 시작했다. 원래부터 심성이 착하고 서비스 마인드를 갖춘 스타벅스 파트너들인지라 그 변화는 빠르게 다가왔다. 부족했던 자신을 반성하고 자발적으로 수화를 배우는 파트너가 있는가 하면, 말이 통하지 않는 파트너와의 소통을 위해 별도의 노트를 만들고 한 문장씩 종이에 적어가며 대화하는 파트너도 생겼다. 그리고 항상 웃는 모습, 열심히 하는 모습을 보여주었다. '너도 우리와 같은 파트너고 친구야. 그러니 힘내!'라는 무언의 응원이 장애인 바리스타의 가슴속에 스며들었다.

이런 움직임은 파트너에게서 파트너로 전달되면서 점점 확산되기 시작했다. 불평과 고충 해소를 요구하는 면담 건수도 급격하게 감소했다. 처음에는 위축되어 있었던 장애인 바리스타들도 동료들의 변화와 응원에 표정이 밝아지고 더욱 의욕적으로 일할 수 있었다. 장애인 부모님들은 자녀들의 변화하는 모습에 감격하면서 지원 센터와 매장으로 전화를 걸었다.

"고맙습니다. 감사합니다."

목이 멘 부모님들의 목소리에 우리도 같이 뜨거운 눈물을 흘렸다.

그러던 어느 날, 놀라운 일이 벌어졌다. 고객의 반응이 달라진 것이다. 처음 장애인 바리스타가 매장 근무를 시작했을 때는 고객들도 스타벅스에 장애인 바리스타가 있는지 잘 알지 못했다. 그러다 보니 장애인 바리스타의 실수에 "아니 글로벌 브랜드 스타벅스가 왜 이래요, 이게 무슨 서비스예요?"라고 클레임을 하던 고객들도 있었다. 하지만 이제는 고객이 장애인 바리스타를 먼저 알아보고 전혀 불편한 내색 없이 장애인 파트너와 눈을 맞춰 격려해 주기 시작했다. 미소를 짓고 고개를 끄덕끄덕하면서 긍정의 답변을 보내기도 했다. 어쩌다 작은 실수를 하더라도 고객이 먼저 도와주는 모습이 여기저기서 목격되었다.

특히 스타벅스 홈페이지 고객의 소리에 '장애인 바리스타와 함께 일하는 파트너들이 너무 아름답다. 훈훈하다. 가슴이 벅차다. 스타벅스답다. 역시 스타벅스다'라는 칭찬 메시지가 쇄도했다. 특정한 장애인 바리스타를 칭찬하는 글도 들어오기 시작했다. 우리는 그 글을 읽고 또 읽었다.

SNS에는 장애인 바리스타를 경험한 고객들의 이야기가 퍼져나갔고, 언론에서도 스타벅스의 장애인 고용에 관한 기사를 내보냈다. 격려의 글이 점점 늘어날수록 장애인 바리스타들도 더욱 자신감을 가졌다. 선에는 고객의 클레임이 부담스러워 장애인 바리스타에게 매장 플로어 청소, 백룸 정리와 같이 고객과 접촉이 적은 일만 골라서 시키던 점장들이, 이제는 장애인 파트너를 전담할 수 있는 멘토를 임명하고 적극적으로 코칭을 하기 시작했다. 음료 제조법을 익히고 주문까지 혼자 받아서 해결하는 장애인 바리스타도 있었다. 커피 만드는 일이 너무 좋아서 집에서도 잠꼬대로 레시피를 외우더라는 부모님의 전화가 올 정도였다.

파트너들은 장애인 바리스타가 음료를 제조할 때 실수하지 않도록 옆에서 친절하게 도와주었다. 혹 실수를 했을 때는 반드시 반복해 음료를 만들어보도록 했다. 청각장애인 파트너가 건넨 음료를 받아 든 고객이 눈을 마주치며 고맙다는 마음을 전달하면, 장애인 파트너도 수화로 '감사합니다'라고 인사하며 고객과 소통했다. 장애인 파트너도 확실하게 자부심을 느끼는 것 같았다.

우리도 힘을 냈다. 장애인관리공단과의 끈끈한 협력으로 2차·3차 장애인 바리스타 공채를 진행했다. 공채는 매 분기별, 연 4회로 정례화했다. 가급적이면 중증 장애인 바리스타를 채용했다. 경중 장애인은 그래도 취업 기회가 어느 정도 있지만, 중증 장애인을 받는 기업은 드물었기 때문이다. 장애인관리공단도 힘을 보태 서울 도심에 장애인이 훈련할 수 있는 장애인 전용 교육 시설을 설치했다. 우리는 이 교육 시설에서 입사 전 교육을 할 수 있었다. 장애인관리공단에서는 교육 시설, 강사, 매장 실습 때 함께 근무하는 장애인 지도사, 장애인 바리스타 실습비를 무상으로 제공했다. 스타벅스는 직무 교육 강사를 파견해 장애인 눈높이에 맞는 직무 교육, 먼저 입사해 어려운 과정을 이겨낸 장애인 바리스타의 적응 경험담, 장애인 바리스타와 함께 근무한 점장이 스타벅스를 소개하는 강의를 진행했다.

집합 교육을 마친 장애인 바리스타는 스타벅스 매장에 배치해 3주간을 실습을 실시했다. 이 교육 체계는 톡톡한 효과를 보였다. 장애인 바리스타의 매장 적응이 전보다 훨씬 빨라졌다. 매장 파트너들도 이미 경험을 통해 학습한 것이 있었으므로 장애인 바리스타를 진정한 동료로 맞아주었다. 그들은 더 이상 불편한 누군가가 아닌 홀로서기에 성공한 멋진 파트너였다.

 ## 최초의 장애인 부점장이 탄생하다

이쯤에서 모두에게 정말 가슴 짜릿한 감동을 주었던 장애인 바리스타 한 명을 소개하고자 한다. 2014년 스타벅스 장애인 공채 바리스타로 채용되어 부산의 한 매장에 입사한 파트너다. 그녀는 장애인 바리스타 최초로 스타벅스에서 운영하는 커피 마스터 자격을 취득했다. 커피 전문가로 인정받는 이 자격을 얻기 위해서는 비장애인 파트너도 최소 1년 이상의 시간과 노력이 필요하다. 이 장애인 파트너는 퇴근 후 집에 돌아가서도 그날 배웠던 내용을 반복적으로 연습하고 정리하는 각고의 노력 끝에 입사 3년 만에 커피 마스터라는 결실을 맺었다. 우리 모두는 축하 박수를 보냈다.

1년 후, 그녀는 장애인 모범 파트너로 선발되어 시애틀 스타벅스를 방문했고, 스타벅스 창립자이자 CEO인 하워드 슐츠를 직접 만나 악수도 하고 덕담도 들었다. 글로벌 지원 센터 강당 가장 높은 무대에 선 그녀는 수천 명의 글로벌 스타벅스 파트너가 지켜보는 자리에서 자신의 경험을 소개했다. 그리고 끝에 이런 말을 덧붙였다.

"장애인인 저를 차별 없이 채용해 준 스타벅스와 파트너 여러분 사랑해요!"

그리고 두 손을 들어 하트를 만들어 보였다. 강당에 모인 파트너들은 모두 자리에서 일어나, 한국에서 온 아름다운 장애인 바리스타에게 뜨거운 격려의 박수를 보냈다.

2015년에는 장애인 최초로 스타벅스 부점장이 탄생했다. 서울 송파의 한 매장에 근무하던 이 파트너는 청각장애 2급의 중증 장애인이었다. 오직 상대방의 입 모양을 보는 구화口話로 고객의 말을 이해할 수 있었다. 그녀는 스타벅스에 입사하고 나서 "안녕하세요?"라는 기본적인 인사부터 시작해, 매일매일 목소리를 내며 발성과 발음을 연습하면서 의사 표현 능력을 키웠다. '나도 할 수 있다' 는 의지를 가지고 좋아하는 일을 할 수 있다는 감사함에 열심히 일했다.

각고의 노력 끝에 그녀는 스타벅스에서 실시하는 커피 마스터 자격을 취득했고, 바리스타와 슈퍼바이저를 거쳐 부점장 선발 시험에서 당당히 합격했다. 필기시험, 인·적성검사, 직무 진단, 인성 면접, 임원 면접까지 모두 혼자 힘으로 해낸 그녀는 장애인 바리스타로서는 최초로 부점장으로 선발되는 명예를 얻은 것이다. 부점장 임명 사령장을 받는 그 순간, 그녀의 눈가에는 기쁨의 눈물이 그렁그렁했다. "동료 파트너와 고객에게 먼저 다가가는 멋진 관리자가 되겠습니다"라고 당당하게 포부도 밝힌 그녀에게 우리 모두가 격려의 박수로 승격을 축하했다.

그녀에게는 스타벅스가 준 남다른 인연도 있다. 바로 지금의 남편이 스타벅스 매장을 찾은 고객이었다는 것이다. 남편은 친구들과 우연히 매장에 들러 그녀에게 커피를 제공받았는데, 행복한 미소가 돋보이는 얼굴에서 사랑을 느꼈다고 한다. 그는 매일같이 꽃다발을 한 아름 들고 매장을 찾아와 그녀의 마음을 사로잡기 위해 진심을 다했고, 마침내 마음을 연 그녀와 결혼까지 하게 되었다고 한다. 지금 부부는 행복한 가정을 일구고 하루하루를 즐겁게 보내고 있나.

이렇게 스타벅스 장애인 바리스타는 꾸준히 증가해, 지금은 200명이 넘는 장애인 바리스타가 전국 매장에서 근무하고 있다. 장애인 슈퍼바이저도 10여 명에 이른다. 이런 공로를 인정받아 스타벅스는 장애인고용촉진협약을 맺은 후 가장 우수한 고용 활동을 보여준 기업에게 주는 '트루 컴퍼니True Company 대상'을 수상했다. 서비스업 최초로 장애인을 적극 고용해 서비스업에서는 장애인이 근무하기 어렵다는 편견을 깬 스타벅스커피 코리아는 많은 서비스 업체가 장애인 고용을 늘려가는 분위기에 기여한 공로로 '장애인 고용 우수사업장'으로 선정되었고, '장애인 고용 우수 대통령표창'도 수상했다.

이제는 고객들도 스타벅스 매장에서 근무하는 장애인 바리스타를 특별할 것 없는 시선으로 바라본다. 장애인 바리스타가 일하는 모습을 보고 마음속에 무언가를 얻어가기도 한다. 이 얼마나 아름다운 모습인가? 사랑이 사랑을 낳는 행복의 연결 고리가 보이는 듯하다.

지금도 매년 4월이면 고용노동부는 장애인 고용률과 고용 저조 기업의 명단을 공개한다. 독일의 경우에는 장애인 고용률이 총 고용 인원의 5%가 넘는 반면 한국은 2%가 채 되지 않는다. 특히 30개 대기업의 고용률은 더 낮게 나타나고 있다. 안타까운 마음뿐이다. 장애인 고용은 고객의 클레임을 일으키는 요인이 아니라 고객의 가슴속에 사회적 기업으로 브랜딩되는 성공의 핵심 요인이 될 수도 있다. 스타벅스커피 코리아의 사례를 통해 더 많은 기업이 한 번쯤 이 사실을 되새겨보기를 희망한다.

스타벅스커피 코리아에
'경력 단절'이란 없다

 청와대에 당당히 선 녹색 앞치마

2016년 4월, 청와대에서 '고용 창출 우수 100대 기업 대통령 표창' 수여 행사가 개최되었다. 이 자리에는 고용 창출에 기여한 기업체의 대표이사들이 초청되었는데, 근로자로는 유일하게 아이 셋을 키우는 다둥이 엄마, 스타벅스의 김정미 파트너가 초청받았다. 그녀는 20대에 스타벅스 파트너로 입사해 8년 동안 점장으로 근무하다가 아이 양육 문제로 퇴사한 커피 전문가였다. 가사와 육아, 일까지 병행하기란 아무래도 쉽지 않았기 때문이다. 그러다 2013년 스타벅스 리턴맘 프로그램을 통해 재입사 기회를 얻었다.

스타벅스, 공간을 팝니다

좋아하는 커피 만드는 일과 아이 셋의 양육을 병행하고 있는 김정미 파트너. 그녀가 일하는 스타벅스 매장은 집에서 도보로 10분 거리여서 출퇴근 시간을 거의 빼앗기지 않는다. 아침 11시까지 출근해 오후 4시 전에 일이 끝나기 때문에 아침 시간에 아이들을 유치원과 학교에 보낼 수 있고, 오후에는 아이들을 데려올 수 있다. 그럼에도 모든 처우와 복리 후생은 다른 부점장과 똑같이 받을 수 있어서 정말로 행복하고, 아이들도 엄마를 자랑스럽게 생각한다고 한다. 대통령과 150명이 넘는 기업체 대표 앞에서 김정미 파트너는 자신 있는 목소리로 이렇게 연설했다. 하얀 티셔츠에 사이렌이 수놓아진 녹색 앞치마를 멘 그녀의 모습은 당당하고 아름다웠다.

"많은 여성이 육아와 가사로 직장을 그만둘 수밖에 없는 것이 현실입니다. 스타벅스 리턴맘 프로그램 같은 좋은 제도가 많이 생겨서, 저와 같은 워킹맘이 전문성을 잃지 않고 일과 가정을 모두 돌볼 수 있는 기회가 많아졌으면 좋겠습니다."

그녀의 발표에 참석자들은 뜨거운 격려의 박수를 보냈다.

스타벅스 리턴맘 프로그램은 정부의 '고용률 70% 달성' 정책이 한창 추진되던 2013년도에 시작되었다. 정부는 고용률을 높이기 위해 다양한 정책을 추진했는데, 그중 하나가 육아와 양육으로 경력이 단절된 여성, 요즘 많이 쓰는 말로 '경단녀' 고용 촉진 정책이었다. 그러나 대부분의 기업이 정부 정책에도 불구하고 경력 단절 여성의 채용 계획을 쉽게 추진하지 못했다. 장애인 고용과 마찬가지로 육아를 하는 여성 인력의 고용은 육아휴직 관련법부터 시작해 여러 가지 지켜야 할 법과 제도가 있기 때문에 적지 않은 기업이 경영에 상당한 부담으로 인식한다.

우리는 과거 10년 동안 퇴직한 파트너의 현황을 조사했다. 부점장 이상 여성 파트너 중 육아 문제로 퇴직한 사람들을 중점적으로 점검했다. 그 결과 생각보다 많은 인원이 육아 문제로 퇴직했다는 사실을 확인할 수 있었다. 그러나 이 파트너들을 다시 채용할 방법이 마땅치 않았다. 육아와 일을 병행하는 것은 기업 입장에서나 당사자 입장에서나 현실적으로 쉽지만은 않기 때문이었다. 그래도 우리는 해결 방법을 찾기 위해 노력했다. 정부 정책을 따르되 회사 경영 부담을 최소화하면서 고용을 촉진하는 것이 스타벅스의 사명을 실천하는 길이자 고객에게 사랑받는 길이라 생각했다.

옛말에 '궁즉통窮則通', 즉 궁하면 통한다는 말이 있다. 상황이 어렵고 답이 없어 보여도 긍정적으로 생각하다 보면 늘 해답이 떠오르기 마련이다. 이번에도 역시 그랬다. 우리는 오전 11시에서 오후 3시까지가 고객이 가장 많이 방문해 매장이 가장 바쁜 시간대라는 점에 주목했다. 이 시간에 숙련도가 높은 파트너를 투입한다면 인력이 추가되더라도 매장의 시간당 효율을 떨어뜨리지 않을 것이라 판단했다. 그리고 채용해야 할 경력 단절 여성을 거주하는 주거지

상권에 위치한 스타벅스 매장으로 배치하면 출퇴근에도 큰 어려움이 없으리라고 보았다. 아침에 아이들을 유치원이나 학교에 보내고 나서 출근해 오후 3시까지 근무한 다음, 다시 아이들을 유치원에서 데려오는 시간적 여유도 제공할 수 있을 것 같았다.

비록 상당 기간 경력이 단절되었지만 부점장까지 경험한 파트너들이고, 성숙한 어른이자 인생 선배로서 매장의 젊은 여자 파트너들을 이끌고 조언도 하면서 잘 적응할 수 있으리라 생각했다. 또한 나이 어린 점장이 있는 매장에 배치되더라도 자기 나이가 더 많다고 점장을 업신여기거나 팀워크를 깨뜨리는 행동을 하지 않을 것이라 확신했다.

이런 아이디어를 발전시켜서, 우리는 과거 스타벅스에서 부점장 이상 파트너로 근무했으면서 육아·양육으로 일을 하지 못하고 있는 여성을 대상으로 하는 '리턴맘 제도'를 도입했다. 직급은 부점장으로 하되, 임금은 시간에 비례해 지급하고 복리 후생은 동일하게 적용했다. 만약 육아 부담이 줄어들어 풀타임 부점장으로 전환을 희망하면 전환될 수 있도록 했다. 또한 현재 재직 중인 파트너 중에 육아휴직 후 복직을 망설이는 파트너도 이 제도를 이용해 하루 4시간만 근무할 수 있도록 했다. 8시간으로 전환한 파트너가 다시 출산하게 된 경우에는 육아휴직 후 다시 리턴맘으로 근무할 수 있도록 설계했다.

스타벅스, 유모차 엄마들의 친구가 되다

모든 준비를 마친 우리는 2013년 8월 1차 스타벅스 리턴맘 채용 공고를 내보냈다. 언론 보도와 함께 육아·양육 문제로 퇴직한 모든 파트너에게 공식 안내장을 보냈다. 재직 중인 파트너에게도 이 제도를 소개하고 퇴직한 파트너에게 안내해 달라는 말도 덧붙였다. 첫 모집에 수십 명의 파트너가 지원했다. 우리는 면접 전형을 통해 리턴맘을 선발했다. 스타벅스를 퇴직한 지 10년 만에 지원한 사람도 있었고, 아들을 군대까지 보낸 파트너도 있었다. 최근에 육아휴직 후 퇴직한 파트너도 여러 명 있었다. 육아휴직이 끝나고 아이 때문에 복직을 포기했는데, 4시간 근무라면 할 수 있을 것같아 용기가 났다고 했다.

우리는 최종적으로 30여 명의 파트너를 선발했다. 그러나 처음 리턴맘 부점장을 매장에 배치했을 때 점장과 파트너들의 반응은 다소 냉랭했다. 장애인 바리스타 배치 때만큼은 아니지만, 점장들은 본인보다 나이도 많고 과거 근무 경력도 긴 스타벅스 선배들을 어떻게 불러야 할지 껄끄러워했고, 업무 지시도 불편해했다. 파트너들은 파트너대로 '리턴맘 부점장이 들어오면서 우리가 승진할 수 있는 자리가 줄어드는 거 아니냐'는 걱정도 했다. 게다가 4시간만 근무하면서 파트너보다 임금을 더 많이 받는 것은 역차별인 것 같다는 불만이 터져 나왔다.

파트너들의 불만도 일리는 있었기 때문에 확실하게 선을 그었다. 리턴맘 부점장은 별도의 TO로 운영하고 풀타임 부점장은 현재대로 운영한다는 회사 방침을 명확하게 전달했다. 리턴맘 부점장들에게는 파트너들의 의견을 가감 없이 전달하고, 스타벅스의 대선배이자 어른으로서 솔선수범하며 점장을 부담스럽게 하는 언행은 일체 조심하도록 부탁했다.

그러나 우리의 이런 부탁 아닌 부탁은 쓸모없었다는 사실이 확인되었다. 리턴맘 부점장들은 과거 근무 당시보다 더 열심히 일했다. 궂은일을 마다하지 않는 것은 물론, 입사한 지 얼마 되지 않아 매장 일을 힘들어하는 신입 바리스타에게 최고의 멘토가 되어주었다. 처음 입사 당시 힘들었던 점, 스타벅스에 근무하면서 느꼈던 보람과 행복했던 경험을 전하며 파트너들을 격려했다. 예상했던 것처럼 입사 후 3개월까지는 오랫동안 손에서 놓았던 일을 다시 하는지라 적응 기간이 필요했고 시행착오도 있었지만, 그 이후로는 과거 숙련도가 발휘되어 매장 어느 포지션에 들어가든 완벽하게 업무를 소화했다.

더 큰 효과는 전혀 생각도 못한 곳에서 나타났다.

"미라 엄마가 스타벅스에 취직했대, 우리 응원하러 갈까?"

동네에서 같이 아이를 키우던 미라 엄마 친구들처럼 엄마 부대

들이 스타벅스 매장으로 몰려드는 현상이 여러 매장에서 나타났다. 스타벅스를 전혀 모르던 주부들도 이런 이유로 스타벅스 매장을 방문한 후 단골 고객이 되기도 했다. 소문을 듣고 스타벅스를 다소 불편해하던 주부 고객들이 유모차를 끌고 스타벅스를 방문하는 비율이 늘어났다. 전에는 파트너들이 아무리 친절해도 아이를 데리고 스타벅스 매장을 방문하는 것이 다소 불편했는데, 리턴맘 부점장들은 모두 아이를 키우는 엄마들 아닌가? 이들이 아이를 데리고 오는 주부 고객에게 진심에서 우러난 서비스를 제공했기 때문에 유모차 엄마들은 한결 편안하게 스타벅스를 찾을 수 있게 되었다.

유모차로 매장 문턱을 넘을 때 얼른 뛰어나가 유모차를 같이 밀어주고, 아이가 물을 먹고 싶어할 때 자기 아이를 대하듯이 챙겨주고, 아이가 컵을 깨뜨려도 아이의 안전부터 살피는 리턴맘 부점장들의 모습에 주부 고객들은 스타벅스를 편한 곳, 행복한 곳으로 인식하기 시작했다.

리턴맘 부점장 제도는 성공적으로 안착해, 지금도 분기별로 계속 채용을 진행하고 있다. 현재 100여 명의 리턴맘 부점장이 근무 중이며, 2015년에는 처음으로 리턴맘에서 풀타임 부점장으로 전환한 파트너도 나왔다. 스타벅스 사례는 고용노동부 우수 사례에 여러 차례 소개되었다. 이런 공로를 인정받아 스타벅스는 4년 연속

고용 창출 우수기업으로 대통령표창까지 받는 기쁨을 누렸다.

하지만 그 어떤 상이나 언론의 칭찬보다 우리에게 보람을 안겨준 것은 스타벅스의 리턴맘 제도가 타 기업체로 확산되기 시작한 것이다. 다른 서비스 기업이나 유통 기업에도 경력 단절 여성을 채용하는 프로그램이 속속 도입되어 이들의 취업문이 넓어지는 데 적지 않은 도움을 주었다. 저출산 고령화 문제가 점점 심각해지는 우리 사회에서, 육아 때문에 일을 포기했던 여성들이 사회 활동에 재진입하도록 문을 열어야 한다는 취지에는 많은 기업이 공감할 것이다. 그러나 이를 위해 필요한 배려나 법규를 경영 부담이나 비용으로 생각해 실천에 옮기지 못하는 곳이 많다. 스타벅스의 성공 사례가 경영 차원에서 긍정적인 효과가 많다는 사실을 인식하고, 이런 장점을 활용하는 기업이 더 많이 나오는 데 기여하기를 바라는 마음이다.

파트너가 행복해야
고객도 행복하다

스타벅스 제1의 이웃
파트너를 위한 복리 후생 제도

2016년 여름 취업 포털 잡코리아가 남녀 대학생 1,450명을 대상으로 '브랜드 아르바이트 선호도'를 조사해 발표했다. 스타벅스커피 코리아는 남학생 26.9%, 여학생 39.0%, 종합 선호도 35.2%로 전체 1위를 기록했다. 선호하는 이유로는 '평소 좋아하는 브랜드여서'가 56.8%, '시급이 높고 복지 혜택이 좋아서'가 20.2%로 나타났다.

스타벅스 인건비에서 복리 후생 비용이 차지하는 비중은 적지 않다. 하지만 단지 비용을 많이 들인다고 복리 후생 제도가 좋다고 결론 내릴 수는 없다. 가장 만족도가 높은 복리 후생 제도는 사용되는 비용이 직원 대다수가 체감할 수 있는 직접 혜택으로 돌아가는 것이다. 당장 직접적인 혜택을 받지 않더라도 미래에 나도 혜택을 받을 수 있다는 기대가 있어야 한다. 다른 직원이 받은 혜택에 나도 즐거워야 하고, 진심으로 그 수혜를 축하하는 조직 문화도 필요하다.

복리 후생 제도가 잘 구축되면 구성원의 조직 몰입도는 높아지고, 이는 고객 서비스는 물론 매장 관리와 음료의 질까지 향상되는 높은 생산성으로 돌아온다. 무엇보다 스타벅스의 사명인 '인간의 정신에 영감을 불어넣고 더욱 풍요롭게 한다. 이를 위해 한 분의 고객, 한 잔의 음료, 우리의 이웃에 정성을 다한다'를 실천하는 데 파트너라고 예외가 될 수는 없다. 파트너는 스타벅스와 주종 관계가 아니라 스타벅스의 이웃이자 고객이다. 스타벅스커피 코리아에는 이런 목적을 실현하기 위한 여러 제도가 있다. 이 가운데 스타벅스커피 코리아의 독특한 문화와 파트너에 대한 정성을 담은 대표적인 제도를 소개하고자 한다.

생일 축하 케이크

"제시. 오늘 생일이죠? 축하해요. 자, 여기 제시가 좋아하는 스타벅스 케이크, 그리고 파트너들이 직접 쓴 축하 카드예요. 오늘 행복하게 보내세요."

입사 4개월 차인 신입 바리스타 제시에게 점장이 생일 축하 케이크와 파트너들이 직접 정성껏 쓴 생일 축하 카드를 건넨다. 제시는 깜짝 놀란다.

'내 생일을 어떻게 알았지, 난 얘기한 적이 없는데. 케이크에 축하 메시지까지……'

제시는 본인이 말한 적도 없는 생일을 알아서 챙겨준 점장님과 파트너들에게 진심으로 고마웠다. 아직은 낯선 매장이지만, 생일 축하를 계기로 매장 파트너들과 더 친하게 지내면서 열심히 근무하리라 다짐했다.

자, 이 깜짝 생일 파티 전에 어떤 일이 있었을까? 제시가 스타벅스 파트너로 입사하면 인사 시스템에 제시의 개인 정보가 자동으로 등록된다. 이때 생일도 음력과 양력으로 모두 입력된다. 이 정보는 제시의 생일 1주일 전 ERP를 통해 점장에게만 제공된다. 점장은 제시가 눈치채지 못하게 어떤 케이크를 좋아하는지 슬쩍 물어보고 나서 파트너 복리 후생용 생일 케이크를 발주한다. 발주한 케이크는 생일 전날 매장에 도착한다. 제시의 생일 당일에는 매장 POS 단말기 화면에 파트너 생일을 축하하는 메시지가 자동으로 업로드된다. POS를 담당하는 파트너는 자연스레 파트너의 생일을 인지하고, "어, 제시 생일이네? 생일 축하해, 제시!" 하며 축하 인사를 건넨다. 그러면 다른 파트너들도 함께 축하하는 분위기가 형성된다.

점장은 수첩이나 스마트폰에 파트너의 생일을 일일이 기록하지 않아도 된다. 만약 점장이 다른 매장으로 이동하더라도 새로 인사발령을 받은 신규 점장은 제시를 비롯한 파트너의 생일을 물어볼 필요가 없다. 사소하게 생각할 수도 있지만, 1년에 한 번뿐인 생일을 축하받는 것은 요즘 같은 1인 가구 시대를 사는 젊은이들에게는 큰 감동을 줄 수 있는 작은 정성 가운데 하나다. 스타벅스에서는 입사한 지 3개월이 경과된 모든 파트너가 스타벅스 케이크를 생일 선물로 받는다. 총 금액으로 환산하면 비용 면에서 큰 비중을 차지하지 않지만, 1,000여 개 스타벅스 매장에서는 최소 매월 한 번 생일 축하 메시지가 POS에 올라오고 축하 케이크와 파트너들의 생일 축하 인사가 전달된다.

육아휴직

스타벅스 파트너의 80%는 20~30대 젊은 여성이다. 그중 기혼 여성 파트너의 비율은 15% 정도다. 스타벅스커피 코리아는 여성 파트너를 배려한 복리 후생 제도를 다양하게 실행하고 있다. 이런 노력이 인정되어 남녀고용평등 우수기업 국무총리표창을 수상했고, 가족 친화 우수기업 여성가족부 장관의 인증을 받았다. 앞서 소개한 리턴맘 부점장 제도도 그 일환이다.

스타벅스커피 코리아에는 육아와 관련된 다양한 휴직 제도가 있다. 법에서 정한 출산 전후 휴가, 육아휴직 제도는 기본이고, 출산 무급 휴직, 난임 휴직 제도가 별도로 마련되어 있다. 출산 무급 휴가는 파트너가 임신을 인지하고 2개월이 경과하면 태아의 안정을 위해 신청할 수 있고, 연속해서 출산 전후 휴가, 육아휴직을 사용할 수 있다. 만약 난임인 경우에는 유급으로 휴직할 수 있다.

이 정도라면 일반 기업과 크게 다를 바가 없지 않느냐고 반문할지 모르지만, 제도의 유무보다 더 중요한 것은 실제로 부담 없이 제도를 활용할 수 있느냐 하는 조직 문화다. 법에서 출산이나 육아 관련 휴가를 보장하고 있다고는 하지만, 안타깝게도 근로 현장의 육아휴직 사용률은 저조한 편이다. 2016년 7월 한국보건사회연구원의 보건복지포럼 '취업여성의 일·가정 양립 실태와 정책적 함의' 보고서에 이런 현실이 잘 드러난다. 2011년 이후 첫 아이를 출산한 15~49세 직장인 여성 788명을 분석한 결과, 전체의 절반이 안 되는 41.1%만이 육아휴직을 사용한 것으로 나타났다. 여성 직원이 임신을 하면 퇴직을 강요하는 회사들이 있다는 언론 보도도 심심치 않게 나오는 것을 보면 육아휴직 제도와 현실의 거리가 아직은 멀다는 생각이 든다.

스타벅스커피 코리아에는 육아 관련 휴가·휴직을 자유롭게 사용할 수 있는 조직 문화가 구축되어 있다. 적용 대상이 되는 스타벅스 파트너들의 육아휴직 및 출산 전후 휴가 사용률은 100%다. 사용하지 않는 파트너는 단 한 명도 없다는 뜻이다. 스타벅스 파트너로 1년 이상 재직하면 직급에 관계없이 사용할 수 있으며, 바리스타도 당연히 포함된다. 상사의 눈치나 회사의 압박 때문에 육아휴직 기간을 일부만 사용하고 복귀하거나 비자발적으로 퇴직을 강요받는 일도 없다. 만약 육아휴직 중에 둘째 아이를 임신하는 경우에는 연속해서 육아휴직과 휴가를 사용할 수 있다.

육아휴직이 끝나면 복직할 수 있다. 실제 복직 비율은 약 60% 정도고, 나머지 40%는 육아에 전념하기 위해 자발적 퇴직을 신청하는 경우다. 이들 역시 리턴맘 부점장으로 복귀할 수 있는 기회가 있다. 복직한 파트너는 양육에 따른 부담을 덜어주기 위해 30분 이내 거리의 가까운 매장이나 1층 매장, 또는 주말에 정기 휴무가 있거나 오픈 시간이 늦은 쇼핑몰 매장으로 배치받는다. 또한 휴직 전 직책을 그대로 수행하며, 매장 근무에 잘 적응할 수 있도록 한 달 정도 복직 프로그램을 제공한다. 육아휴직이나 복직 제도 그 자체보다는 심적 부담 없이 활용할 수 있는 문화가 스타벅스커피 코리아의 여성 파트너에게는 가장 큰 복리 후생 제도일 것이다.

임신·출산 축하 패키지

스타벅스커피 코리아가 운영하는 독특한 육아 관련 복리 후생 제도로는 파트너 임신·출산 축하 패키지가 있다. 파트너가 임신을 하면 축하 선물로 예비맘 배지, 임신 출산 대백과, 태교 명화와 태교 다이어리 세트, 대표이사 친필로 쓴 축하 카드를 제공한다. 앞치마에 다는 예비맘 배지는 파트너가 매장에서 근무할 때 고객이나 파트너의 실수로 일어날 수 있는 위험에서 임신부를 보호하기 위한 안전장치다. 파트너가 출산을 하면 기장 미역 세트, 한우 세트, 유아복을 선물한다. 이 선물은 직급에 관계없이 모든 파트너가 똑같이 받을 수 있다.

이 제도를 마련한 데에는 한 가지 계기가 있었다. 고용노동부는 각 지역별 소속 기관에 근로 조건 기준을 확보하기 위한 감독사무를 담당하는 근로감독관을 운영하고 있다. 근로감독관은 정기적으로, 또는 필요하다고 판단될 경우 수시로 사업장을 방문해 근로감독을 할 수 있다.

2011년 여름, 경기도 지역의 한 스타벅스 매장에 근로감독관이 방문해 근로 점검을 실시했다. 감독관은 1시간여 동안 매장에 근무하는 파트너의 급여명세서, 근무 기록, 취업 규칙 게시 유무를 확인하고 파트너 면담을 진행했다. 감독관은 스타벅스가 노동법을 잘 준수하고 있어 크게 지적할 사항이 없다고 칭찬을 한 후에 육아휴직을 끝내고 복직해 근무 중인 부점장 이야기를 꺼냈다. 파트너의 야간 근로 동의서는 잘 구비되어 있지만, 육아휴직을 가기 전 임신 기간 중에 심야 근무를 한 기록이 있다는 것이었다. 출산일을 기준으로 10개월을 역산해 임신일을 추정하고, 그날 이후 발생한 임신부의 심야 근무는 노동법 위반이라고 했다. 파트너가 임신을 인지하지 못했을 가능성도 있지 않느냐는 우리의 답변에 감독관은 임신 3개월이 경과한 시점의 심야 근무도 그렇게 해석할 수 있겠냐고 반문했다. 우리는 더 할 말이 없었다. 파트너가 임신을 인지한 날 이후로는 절대 임신부가 심야 근무를 하지 않도록 제도 개선안을 마련해 제출하겠다고 약속한 후에야 권고 사항으로 마무리되었다.

우리는 이 문제를 해결하기 위해 고심했다. 파트너가 임신을 인지한 시점에 회사에 임신 사실을 알리지 않은 것은 보고할 수 있는 체계적인 프로세스가 미흡하거나 없기 때문이다. 매장 운영에 부담을 줄 수 있어 일부러 알리지 않거나, 알려야 한다는 사실 자체를 몰라서 그랬을 수도 있다. 임신한 파트너가 그 사실을 빨리 점장과 파트너에게 알리고 축하를 받을 수 있는 제도, 자발적으로 임신 사실을 빨리 알릴 수밖에 없는 시스템을 구축해야겠다는 결론에 이르렀다. 이렇게 탄생한 제도가 임신·출산 축하 패키지 프로그램이다.

선물을 싫어하는 사람은 없다. 파트너가 임신한 사실을 회사에 알리면 최고의 임신 축하 선물을 제공하고, 출산 소식을 회사에 알려도 역시 최고의 출산 축하 선물을 제공하는 프로그램을 만들었다. 회사가 임신과 출산 선물까지 제공한다고 공지하자 여성 파트너들은 무척 좋아했다. 특히 결혼을 앞둔 예비 신부와 기혼 여성 파트너들은 조만간 혜택을 받을 수 있다는 마음에 즐거워했다.

임신을 인지한 파트너는 그 즉시 임신 축하 선물을 신청한다. 본인이 직접 인사 시스템에 접속해 임신 일자를 기록하고 신청하면, 복리 후생 담당자가 실시간으로 정보를 확인해 임신 축하 선물을 발송한다. 이와 함께 해당 점장이 임신한 파트너의 정보를 열람할 수 있도록 권한을 부여했다. 매주 점장이 편성하는 파트너 근무 편성 시스템에서 임신한 파트너는 심야 시간에 근무 자체가 편성되지 않도록 원천적으로 통제했다. 파트너들도 좋아했다. 특히 점장들은 파트너의 임신 사실을 깜빡 잊어버려서 심야 시간에 근무를 편성하는 실수를 하지 않을 수 있어 더욱 좋아했다.

출산 축하 패키지는 임신부의 몸이 무거워져 출산 시점에 선물을 신청하기 어려울 수도 있기 때문에 출산 1개월 전부터 출산 예정일을 기입하고 미리 신청할 수 있도록 했다. 그리고 비상 연락망으로 남편이나 부모님의 연락처를 함께 입력하도록 해, 출산 예정일이 다가왔을 때 육아휴직 담당 파트너가 보호자와 연락해서 출산을 확인하고 복리 후생 담당 파트너가 출산 선물을 보내도록 했다.

전혀 생각도 못했던 문제점을 날카롭게 지적해 준 그 근로감독관이 지금도 생각난다. 어떻게 역산까지 해가면서 문제점을 발견했을까? 이름은 기억나지 않지만 덕택에 좋은 제도를 만들 수 있었다고 감사 인사라도 드리고 싶은 마음이다.

근무 편성

2016년 여름, 음식점에서 아르바이트를 하고 있는 딸에게 물었다. "쉬는 날 없니? 매일 나가네?" 그러자 딸은 매일 일한다고 하면서, 쉬고 싶을 때는 사장님에게 이야기하면 쉬게 해준다고 했다.

요즘처럼 자영업을 하기 힘든 상황에서는 영세한 규모에 최소한의 인력으로 가게를 운영해도 유지가 힘든 현실인지라 한편으로는 이해가 간다. 근로자 또한 노동법에 대한 이해가 부족하고 갑을 관계가 가져오는 압박감에 잘못되었다는 걸 알면서도 사업주의 지시대로 노동을 제공하는 현실이다. SNS에는 하루도 빠지지 않고 최저임금 위반, 주휴 수당 미지급, 근무 시간 꺾기 등 노동법 위반 이슈들이 올라온다. 사실 영세 사업주가 노동법을 다 이해하고 모든 조건을 준수해 근로자를 관리하기에는 힘든 점이 많다. 그만큼 노동법은 까다롭고 이해하기 어렵기도 하다.

앞서 말했듯 스타벅스커피 코리아는 1,000명 이상의 근로자가 근무하는 사업장이어서 전국 각 지역에 있는 고용노동부 산하 사법경찰관인 근로감독관이 정기적으로 때로는 수시로 내장 근로감독을 나온다. 스타벅스라는 브랜드 인지도가 있고, 전국에 1,000개가 넘는 사업장이 있다 보니 모든 사업장이 방문 표적이 된다. 약방에 감초라는 표현이 맞을 것 같다. 어떤 때는 10개 이상의 매장에 동시에 근로감독관이 방문해 업무가 마비된 적도 있다. 근로감독관이 방문하면 해당 매장의 급여 지급 내역, 근무 기록 등 관련 서류를 제출하고, 근로감독관의 질문에 일일이 답변해야 한다. 그러나 매장에서는 고객 서비스를 중심으로 업무가 진행되고 노동법에 대한 이해도가 낮기 때문에 대응이 쉽지 않다. 또한 관련 서류를 지원 센터에서 보관하고 있기 때문에 근로 점검을 나오면 지원 센터는 마비 상태가 된다.

우리는 이 문제를 해결하기 위해 두 가지 방안을 추진했다. 첫 번째는 노동법이 정한 범위 내에서 정기 근로감독을 면제받을 수 있는 신뢰 기업으로 인증받는 것이다. 고용노동부가 추진하는 고용 창출 우수기업, 노사 문화 우수기업으로 선정되거나 여성가족부에서 추진하는 남녀고용평등 우수사업장으로 인증받는 방법이 있다. 우리는 고용 창출 우수기업, 남녀고용평등 우수사업장, 장애인 고용 우수사업장 등 매년 우수사업장으로 인증받았다. 즉, 수동적으로 일을 하기보다는 적극적으로 법이 요구하는 모든 규정을 준수하고 우수기업으로 앞서 나아가는 것이 가장 합리적인 방법이다.

두 번째로 추진한 것은 근로감독을 무서워할 것이 아니라 우리스스로 신뢰받을 수 있는 기업, 누구나 인정할 수 있는 노동법 준수 최우수사업장이 되는 것이었다. 이를 위해 우리는 매년 자체적으로 노동법을 위배한 사항이 있는지 내부 진단을 실시했다. 1,000여 개로 분산된 매장에서 1만 명을 고용하고 있고, 법이 계속 개정될 뿐 아니라 사업 환경도 꾸준히 변하기 때문에 우리도 인지하지 못하는 위법 사항이 생길 수도 있다. 따라서 내부 진단을 통해 많은 규정을 개선했다.

예를 들어 매장에 근무하는 파트너가 갑자기 퇴사를 하거나 개인 사정으로 결근을 하면 매장을 운영하는 점장은 공백을 메우기 위해 자신이나 다른 파트너의 휴일을 근무일로 변경해 6일 또는 7일을 연속해 근무하는 경우가 있었다. 어떤 매장에서는 연속 2주를 근무하는 파트너도 있었다. 이는 노동법 위배 사항이다. 우리는 파트너의 주 5일 근무, 2일 휴무라는 표준 근로 일수를 설정하고 월평균 총 휴일 10일 중 최소 8일 이상을 의무 휴일로 지정했다. 또한 1주일에 1일은 반드시 휴일로 자동 편성되도록 했다. 파트너 근무 편성 시스템에 필수 조건으로 설정했기 때문에 점장이 임의로 변경하거나 조정할 수 없었다. 도저히 해결되지 않을 경우에는 DM의 지원 요청을 받아 다른 매장 파트너를 파견해 근무 인원을 해결토록 했다.

또 매장 파트너가 개인 사정으로 더 많은 급여를 받아야 하는 경우 점장이 일부러 연장 근무 편성을 몰아주는 일도 종종 있었다. 그러다 보면 법에서 기준한 주간 단위 연장 근무 시간을 초과하기도 한다. 이 문제를 해결하기 위해 파트너의 소정 근로시간과 직급별 주 단위 표준 연장 근로시간을 시스템에 필수 조건으로 지정했다. 이미 파트너의 근로시간과 근로 일수, 휴일과 휴가까지 종합적으로 고려해 매장 업무량 대비 적정 근무 인력을 매장 단위별로 편성했기 때문에, 이를 시스템으로 강제하더라도 매장 운영에 큰 문제가 발생하지 않으리라고 확신했다.

점장과 DM은 다소 우려했지만 우리는 모든 것을 시스템화했다. 걱정과는 달리 매장 인력은 큰 무리 없이 운영되었다. 휴일을 반납하면서 근무하는 파트너 수도 크게 줄었다. 파트너 간 연장 근무 일수도 편중되지 않고 골고루 적정 근무시간 범위 내에서 분산되었다. 서로 비슷하게 근무하고 쉬기 때문에 파트너의 불만도 사라지고 피로도도 줄어들었다.

한편 매장은 365일 가동되고 영업시간이 아침부터 밤까지 길기 때문에 근무시간대는 오전, 오후, 야간으로 구분되고 휴일도 토일 정기 휴무가 아니라 매주 변동될 수밖에 없었다. 근무 편성이 급하게 나오는 주는 친구와 약속을 잡아놓은 날과 겹치기도 했고, 가족 모임과 중복되기도 했다. 또한 파트너들 사이에는 '마오마오'라는 말도 있었다. 마감-오픈-마감-오픈의 줄임말로 전날 마감 근무를 한 파트너가 다음 날 새벽 오픈을 하는 근무 편성을 빗댄 말이었다. '마오마오'를 하는 파트너는 피로도가 높을 수밖에 없고, 고객에게 제대로 된 서비스를 제공하기도 쉽지 않다. 그러나 매장에서는 그렇게 편성을 짤 수밖에 없는 상황이 종종 있었다.

우리는 지원 센터 전 팀의 업무 프로세스를 개선, 아니 완전히 뜯어고쳤다. 예를 들어 구매팀에서 전 매장 재고 조사를 지시하면 매장에서는 파트너를 추가로 투입하거나 조사할 파트너의 근무 일정을 조정할 수밖에 없다. 마케팅팀에서 프로모션 계획을 공지하면 매장에서는 고객 증가를 예상해 근무 편성을 다시 짜야 한다. 교육 담당자가 급하게 집합 교육 대상자를 공지했는데 해당 파트너가 이미 근무 편성이 되어 있으면 역시 근무 편성을 다시 해야 했다. 점장이 편성한 주간 근무 계획표는 수없이 땜질당한 누더기가 되기 일쑤였다. 파트너들은 몇 번씩 근무 일정을 바꿔야 했고, 개인 일정을 잡을 수조차 없었다. 지원 센터와 매장 간의 소통 부재가 불러온 현상이었다.

우리는 점장이 D−5일, 즉 전주 수요일까지 매장의 주간 근무 편성표를 만들어서 파트너의 다음 주 월~일요일 근무 편성을 공지하도록 의무화했다. 지원 센터는 매주 월요일에 한해 매장 운영에 필요한 공지를 전사 게시하도록 했다. 이 시기를 놓치면 어떠한 경우에도 공지가 허가되지 않았다. 지원 센터 남냥사들은 월요일에는 다음 한 주 동안 영향을 줄 수 있는 모든 회의, 행사, 교육 일정을 게시해야 한다. 시행일 7일 이전에 공지를 실행하기 위해 팀 업무 프로세스도 전면 개조했다. 잘 수립되지 않았던 월간 계획, 분기 계획이 꼼꼼하고 세세하게 작성되기 시작했다. 만약 너무 중요한 계획이라 기준을 지키지 못하고 공지를 해야 한다면 최소 임원 단위 이상의 결재를 받도록 규제를 강화했다. 인사 발령 또한 강화되어 교육이나 회의 소집 같은 경영 활동도 사전에 충분한 시간 계획을 가지고 운영하지 않아 매장 파트너에게 영향을 주면 진행할 수 없었다.

파트너들에게는 한 달 단위로 본인이 희망하는 휴일을 최대 2일까지 신청받았다. 파트너들은 모바일 인트라넷에서 본인이 원하는 휴일을 신청했다. 점장은 시스템에 올라온 파트너의 희망 휴일을 감안해 주간 근무 편성표를 작성했다. 물론 매장 여건상 파트너의 의견을 전부 수용하지는 못하지만, 최대한 파트너의 의사를 존중하는 조직 문화가 만들어지기 시작했다.

시스템 적용 초기에는 지원 센터 파트너들의 불만이 폭발했다. '일도 마음대로 못하게 하느냐'부터 시작해서, 일을 하지 말라는 규정이라는 볼멘소리까지 나왔다. 그러나 지금은 모두 긍정적으로 받아들이고 일을 한다. 규정이 도입된 후 치밀하게 타임라인에 맞춰 계획적으로 일을 하는 파트너가 늘어났다. 근무 편성의 애로 사항을 해결하기 위해 시작한 프로젝트가 파트너 한 명 한 명이 일하는 방식을 개선한 것은 물론, 전사 업무 체계를 발전적으로 바꾸었다. 이전에는 서로 이해관계가 달랐던 지원 센터와 매장이 업무 개선을 통해 하나의 조직으로 거듭나는 계기도 되었다. 매장 파트너들도 최소한의 휴일을 보장받아 고객 서비스에 더욱더 집중할 수 있었다. 경영학에서 말하는 '밸류 체인'의 작은 성공 사례라고 감히 말할 수 있겠다.

신나는 매장 기습 공격, 스토어 어택

몇 년 전 고등학교를 졸업하고 대학 입학을 앞둔 아들이 스타벅스에서 경험을 쌓고 싶어했다. 당시에는 단기 근무 바리스타도 일부 채용했기 때문에 '이력서에 아빠가 스타벅스에 다닌다는 말을 하지 말고 스스로 지원해 보라'고 했다. 그러곤 잊어버리고 있었는데, 매주 결재하는 바리스타 채용 현황에 아들 이름(닉네임을 폴이라 하자)이 있었다. 다소 놀랐지만 절차상 문제가 없음을 확인하고, 폴의 바리스타 근무 경험을 매장의 실제 조직 문화를 점검하는 계기로 삼기로 했다. 내가 파트너 입장에서 많은 제도를 추진하고 개선할 수 있었던 데는 아들을 통한 간접경험이 상당한 역할을 했다. 지금 소개하는 스토어 어택Store Attack도 이 과정에서 만들어진 프로그램이다.

폴이 매장에서 근무를 시작한 지 2주 정도 지났을 때였다. 매장 마감 근무를 마치고 회식이 있어서 좀 늦게 들어갈 것 같다는 문자 메시지가 왔다. 보통 매장 마감 업무를 마치면 12시경이니까 회식을 해도 1~2시면 들어오지 않을까 했는데, 폴은 3시가 넘도록 집에 오지 않았다.

'조금 있으면 들어오겠지' 하고 잠이 들었다가 아침에 일어나 보니 방에 폴이 없었다. 아침 8시가 넘었는데도 연락이 되지 않았다. 할 수 없이 매장 연락처에 있는 남자 파트너에게 전화를 걸어 같이 근무하는 폴의 아빠라고 소개하고, 어제 회식 이후에 같이 있지 않았는지를 물었다. 알고 보니 어제 회식 자리에서 폴이 술을 2잔 정도 마시고 나서 '필름이 끊겼다'고 했다. 새벽 2시에 다른 파트너와 모두 헤어지고 나서도 정신을 차리지 못하는 폴을 찜질방으로 데리고 와서 함께 잔 다음 지금 일어났다는 설명에 그제야 안심이 되었다. 고맙다는 인사와 함께 잘 들여보내 달라는 부탁을 하고 전화를 끊은 뒤 생각했다.

'남자아이인데도 이렇게 걱정이 되는데 만약 여자 파트너를 자식으로 둔 부모님은 어떨까?'

이렇게 생각하니 그냥 넘어갈 문제가 아니다 싶어 정신이 번쩍 들었다. 전국 1,000여 개 모든 매장에서 새벽에 회식을 하고 그 파트너의 부모님들이 걱정한다면, 그리고 만에 하나 사고라도 생긴

　　　　　　　　　　　　　　　스타벅스, 공간을 팝니다

다면 수습할 방법이 없었다.

회사 규정을 점검해 보니 심야 회식은 금지되어 있었지만 현장에서는 암암리에 회식이 실시되고 있었다. 매장은 오전 6시부터 밤 12시까지 18시간 동안 3교대로 운영되기 때문에 파트너들이 한꺼번에 모여 회식을 하거나 회의나 교육을 할 여건이 쉽지 않았다. 그러다 보니 마감 후에 모여 회식을 하는 문화가 쉽게 고쳐지지 않는 것이었다. 단순히 규정으로 금지한다고 될 문제가 아니라는 생각이 들었다.

해결 방안을 모색했다. 우선 매장 회식을 두 그룹으로 나누어 하는 방법을 고려했다. 오전·오후 근무조가 함께 모여 저녁 회식을 하고, 야간 근무조는 다음 날 따로 회식을 하는 방법이다. 그러나 팀워크를 위해 하는 회식인데 근무조별로 분산되면 그 의미가 축소되므로 최선의 대안이 아니라고 판단했다. 아울러 결국 오전·오후 근무조는 야간 회식을 하고 음주로 이어지기 쉬우므로 근본적인 해결 방안으로는 미흡하다고 보았다. 음주 문화를 없애려면 낮에 회식을 하도록 유도해야 한다는 쪽으로 의견이 모였다.

그 결과 나온 대안이 '문화 회식'이었다. 매장 파트너들이 모두 함께 모여서 연극·영화·스포츠 관람이나 놀이공원·미술관·카페 탐방과 같은 문화 활동을 하고, 맛집에서 점심이나 이른 저녁을 함께하는 것이다. 하지만 결정적인 걸림돌이 있었다. 한창 매장이 돌아가야 할 낮 시간에 파트너들이 모두 회식을 간다면 매장은 어떻게 하는가? 회식을 이유로 종일 문을 걸어 잠글 수도 없는 노릇이었다.

"그래? 매장을 쳐들어가자! 대신 근무할 파트너들이……."

우리는 매장 근무를 대신할 수 있는 팀을 편성하는 방법을 연구했다. 파트너들을 위한 활동이니만큼 '행복 파트너'라는 이름으로 팀을 구성했다. 매장 파트너들이 문화 탐방이나 맛집 회식을 하는 동안 행복 파트너가 근무를 대신하는 것이다. 이렇게 생겨난 것이 '스토어 어택'이다. 말 그대로 매장을 기습적으로 쳐들어간 다음, 파트너들의 앞치마를 모조리 빼앗고 모두 매장에서 내보낸 뒤 매장을 점령한다. 초기에는 모든 매장을 스토어 어택 하기에는 많은 부담이 따랐기 때문에 우수 매장으로 추천받은 곳 중 심사를 거쳐 대상을 선정했다.

처음 당첨된 매장은 서울 강남 포이점과 삼호물산점이었다고 기억한다. 비록 작은 규모지만 고객에게 많은 칭찬을 받은 매장이었다. 파트너들은 난데없이 매장에서 쫓겨난(?) 다음 남한산성 계곡으로 자연 탐방을 갔다. 함께 계곡에 발을 담그고 그동안 못 나누었던 이야기꽃도 피우고, 야외에서 바비큐 파티를 열며 즐거운 시간을 보냈다. 해가 질 무렵에는 모든 일정이 끝이 났다. 당연히 비용은 모두 회사가 지원했다.

반응은 대단했다. 우리 매장도 스토어 어택을 해달라는 애원의 비명이 행복 파트너들의 메일함을 가득 채웠다. 우리는 차차 대상을 확대했다. 2016년에는 전 매장 스토어 어택이라는, 어디에도 없는 스타벅스커피 코리아만의 문화 탐방 프로그램이 완성되었다. 오히려 저녁 회식보다 비용이 적게 든 것은 말할 것도 없고, 건전한 조직 문화에 파트너들의 애사심은 점점 더 커졌다. 폴이 나에게 준 선물이었다.

스토어 어택 확대에 따른 대체 인력 문제는 DM이 지역 내 다른 매장 파트너들을 1명씩 1일 파견하는 방법으로 해결했다. 스토어 어택 대상으로 선정된 매장은 파트너끼리 합의해 회식 계획을 세웠다. 예술 공연 관람, 관광지 방문, 글램핑, 전시회 관람, 영화나 연극 또는 스포츠 관람, 커피 매장 방문, 놀이공원, 도자기 체험 방문, 롯데월드 아이스링크 스케이트 타기, 파트너 결혼 야외 촬영 참여하기, 뮤지컬 관람 등을 비롯한 신나는 문화 탐방을 실시하고, 가장 유명한 맛집을 방문해 요즘 말로 '폭풍 흡입'하고 '먹방'을 찍으며 즐거운 시간을 보냈다. 탐방 후기 게시판도 만들어 매장 간에 서로 공유하고 벤치마킹해 더 재미난 계획을 수립하도록 지원했다. 이제는 한 달에 100개 이상의 스토어 어택 프로그램이 전국에서 실시될 정도로 그 규모는 어마어마하게 커졌다.

5월 벚꽃 시즌 때의 일이다. 강남 A 매장 파트너들은 케이블카를 타고 남산에 올라가 벚꽃 구경을 한 뒤 남산타워에 있는 한식 뷔 페에서 한강을 내려다보며 맛있는 식사를 즐기고 있었다. 그런데 뷔페 저쪽 코너에서 강북 B 매장 파트너들이 똑같은 프로그램으로 스토어 어택을 즐기는 모습을 발견했다. 서로를 알아본 두 매장의 파트너들은 서로 깔깔대고 웃으며 한데 어울려 식사를 즐겼다.

스타벅스커피 코리아에서 야간 모임이나 음주 회식은 사라졌다. 많은 회사가 과음으로 이어지는 회식을 개선하기 위해 조기 귀가를 위한 구호를 만들어낸다고 하는데, 우리는 구호가 필요 없다. 아마 당신이 이 책을 읽는 지금 이 순간에도 당신이 가고 싶어하는 아름다운 곳이나 멋진 맛집에서 스타벅스 파트너들은 스토어 어택의 즐거움을 누리고 있을지도 모른다.

파트너의 안전한 출퇴근을 지원하는 택시카드 제도

스타벅스커피 코리아 매장은 보통 오후 11시까지 영업을 하기 때문에 마감 업무를 마친 파트너들은 자정을 넘겨 매장을 나선다. 심야 시간에 퇴근하는 파트너들은 여름철에는 취객에게 안전을 위협받을 수 있고, 겨울철에는 추운 날씨와 어둠으로 인한 빙판 사고 같은 위험에 노출될 수 있다. 특히 파트너 대부분이 20~30대 젊은 여성임을 감안하면 늦은 시간 퇴근은 더욱 민감한 문제다. 파트너를 회사로 보낸 부모님들의 걱정도 이만저만이 아닐 것이다.

이런 문제를 개선하기 위해 스타벅스커피 코리아는 기업형 택시카드를 이용한 출퇴근 제도를 시행하고 있다. 엔콜, S콜 등 택시업체와 제휴를 맺고, 스타벅스 전용 택시카드를 휴대한 파트너가 출퇴근 시간에 매장으로 택시를 부른 다음 집까지 안전하게 귀가할 수 있도록 했다. 택시를 부르면 승차 정보가 택시 회사 서버에 저장되기 때문에 택시기사에게서도 안전하고, 무사히 귀가했는지 여부까지 모두 확인할 수 있다. 모든 요금은 택시카드로 결제되어 회사에서 일괄 처리했다. 이른 아침에 매장을 오픈하는 경우에도 택시카드 제도를 이용할 수 있다.

다만 이 제도는 서울과 수도권 일부 지역에서만 사용할 수 있다는 제약이 있다. 최근에는 카카오택시와 제휴해 전국의 모든 택시를 이용할 수 있는 프로젝트를 추진 중이다. 이 프로젝트가 완성되면 전국 1만여 명의 파트너는 개인 교통비를 사용하지 않고 안전하게 출퇴근을 할 수 있게 된다.

파트너 조식 및 음료 지원 제도

스타벅스 매장은 보통 오전 7시에 문을 연다. 파트너들은 보통 오픈 10분 전까지 매장에 도착해 오픈 준비를 한다. 그렇다면 일반 사무직 근로자들보다 1시간 이상 빠른, 대략 6시 전에 집을 나서야 한다는 이야기다.

아침 일찍 서둘러 출근한 파트너는 오픈 준비를 하고 고객을 맞이한다. 가장 바쁜 7~9시까지의 출근 러시 시간이 지나면 그제야 한숨 돌릴 수 있다. 파트너들에게는 이때가 가장 기다려지는 즐거운 시간이다. 스타벅스에서 판매되는 푸드와 음료를 파트너 조식으로 제공받기 때문이다. 따뜻한 커피 한 잔과 맛있는 스타벅스 푸드를 함께 즐기는 파트너들은 즐겁기만 하다. 음료는 하루 최대 2잔에서 3잔까지 무료로 제공되기 때문에 골라서 먹는 재미도 있다.

시간제 근로자들까지 누릴 수 있는 복리 후생 혜택

많은 회사가 직원에게 경조사비를 제공하지만 스타벅스커피 코리아는 시간제 근로자인 바리스타까지 그 대상에 포함하고 있다. 특히 상을 당했을 때 제공되는 조의 용품 세트는 조화와 각종 조의 용품, 조문객 접객 용품까지 전부 지원되어서 많은 파트너와 친·인척에게 감사 인사를 받곤 한다. 신청 절차도 매우 간단하다. 이전에는 신청 절차가 복잡하고 제출해야 할 서류가 많은 탓에 귀찮아서 신청하지 않는 파트너도 있었지만, 지금은 인사 시스템에 접속해 편리하게 처리할 수 있다. 조화나 조의 용품도 모바일 앱에 제공된 업체 연락처로 본인이 직접 전화해 주문하면 된다.

유치원비부터 대학 등록금까지 자녀 학자금 지원도 근속 기간에 따른 제한을 제외하고는 바리스타에게도 적용된다. 만약 파트너의

스타벅스, 공간을 팝니다

건강에 이상이 있어 의료비가 과다하게 발생하는 경우 지원되는 의료비 역시 바리스타는 연 250만 원, 부점장 이상은 최대 1,000만 원까지 받아 시간제 근로자들도 혜택을 누릴 수 있다. 특히 개인적으로 보험을 들어놓지 않아 높은 치료비가 큰 부담이었는데, 직접 혜택을 받고 보니 이 제도의 소중함을 알았다는 바리스타나 슈퍼바이저의 감사 인사를 종종 받는다.

2주 연속 휴가, 리프레시 휴가 제도

슈퍼바이저 이상 전 파트너는 2주 연속 휴가를 신청할 수 있다. 신청에 그치는 것이 아니라 모든 파트너가 휴가 계획을 세우도록 제도화하고 있다. 가급적 연초에 휴가 계획을 짜도록 유도하고, 수시로 개인 일정을 반영해 휴가를 장려한다.

리프레시데이도 있다. 매월 셋째 주 금요일은 지원 센터 전 파트너가 휴일이다. 매년 1월이면 12월까지 리프레시데이를 지정해 공개한다. 매장도 부점장 이상은 리프레시데이를 본인이 선택해 휴가를 갈 수 있다. 휴가와 연계해 각종 호텔이나 콘도 등의 시설을 무료 또는 할인 가격으로 지원하는 제도도 있고, 시간제 근무를 하는 바리스타와 슈퍼바이저도 일부 혜택을 받을 수 있도록 하고 있다.

스타벅스는 노동 집약적 서비스입니다. 제품을 기계로 내량 생산하는 것이 아니라 파트너의 정성을 담아 한 잔 한 잔 음료를 제조해 고객 한 분 한 분에게 서비스한다. 따라서 파트너의 정성과 친절은 스타벅스의 가장 소중한 자산이자 핵심 동력이다. 파트너의 애사심과 사기가 곧 비즈니스의 생명과 직결된다. 이런 점을 회사도 잘 인지하고 있기에 파트너 입장에서 작지만 배려를 담은 복리 후생 프로그램을 만들어나가기 위해 꾸준히 노력한다. 인건비 부담이 커지는 측면도 있지만, 이는 경영 전반 혁신을 통해 경영 효율을 높여 해결하고, 파트너에 대한 투자는 계속 이어져야 한다.

스타벅스커피 코리아의 미래

    스타벅스는 미국 경제 전문지《포춘》이 해마다 선정하는 '세계에서 가장 존경받는 기업World's Most Admired Companies'에서 꾸준하게 5~6위를 차지했고, 2017년에는 3위로 상승했다. 애플, 아마존닷컴, 버크셔해서웨이, 디즈니, 알파벳(구글의 모회사), 제너럴 일렉트릭, 사우스웨스트 항공, 페이스북, 나이키가 톱 10에 이름을 올렸다.《포춘》은 국제 인사 조직 컨설팅 기업 콘페리헤이 그룹Korn Ferry Hay Group의 도움을 받아 각계 임원, 애널리스트 등 관계자 4,000명을 대상으로 기업 혁신, 인사, 사회적 책임, 글로벌 경쟁력 등 9가지 부문을 평가하는 방식으로 가장 존경받는 기업을 선발한다.

    스타벅스는 현재 차茶의 본고장 중국에 2,000개가 넘는 스타벅스 매장을 오픈했고, 일본에도 1,200개가 넘는 매장이 있다. 인구로 보면 일본의 절반도 안 되는 한국에도 1,000개가 넘는 매장이 문을 열었다. 또한 무슬림 국가에도 진출해 현재 17개국에 1,200개 매장을 오픈했고, 아시아 지역에서도 베트남, 인도, 캄보디아, 브루나이까지 매장을 넓혔다. 현재 약 70개국 2만 4,000개의 매장을 거느린 스타벅스는 이 추세로 보면 향후 5년 이내에 100개국 3만 개 이상의 매장을 오픈할 것으로 예상한다. 머지않아 평양에도 스타벅스가 오픈하는 날이 오지 않을까?

한국 커피 시장이 포화라는 이야기는 5년 전에도 지금도 끊임없이 거론된다. 그럼에도 커피 전문점은 꾸준하게 증가하고 있다. 편의점이나 자판기에서 구입하자마자 바로 마실 수 있는 커피 제품인 RTD^{Ready to Drink} 커피 시장도 계속 커지고 있다. 커피 시장은 아이스크림, 탄산음료, 맥주와 같은 다른 식음료의 대체재로 사업 영역을 확대 중이다. 만약 커피 시장이 지속적으로 커진다면 스타벅스의 시장 지배력은 점점 더 증가할 수 있다. 주주사인 신세계그룹의 유통 확장 전략과 연계한 시너지 효과 또한 높아질 가능성이 크다. 2016년에는 세계 최대 쇼핑몰 기록을 경신한 하남 스타필드가 오픈했고, 2017년에는 고양에도 스타필드가 오픈될 예정이다. 대구, 김해, 부산 복합 백화점의 오픈, 여주 아울렛 확장, 이마트 매장 확대와 복합화로 유통시장의 공룡으로 성장하고 있는 신세계는 스타벅스外의 제휴 관계 또한 너욱 늘려나갈 것이다.

한편 패스트푸드 업계는 커다란 지각 변동을 맞고 있다. 2016년 하반기에 미국 패스트푸드 빅 3의 국내 법인이 모두 시장 매물로 나왔다는 뉴스는 큰 충격이었다. 소비 침체 및 경쟁 심화로 매력도가 떨어지면서 맥도날드, KFC, 피자헛까지 모두 새 주인 찾기에 나섰다. 더구나 맥도날드를 제외하고는 매각 자체도 쉽지 않다고 한다. 버거킹, BHC, 아웃백스테이크하우스, 크라제버거, 할리스, 카페베네도 줄줄이 매물로 나왔다. 외식 업종은 트렌드에 굉장히 민감하다. 인기가 좋을 때는 너도나도 뛰어들고 공격적으로 체인점 수를 늘려나가지만, 경쟁이 심화된 상태에서 트렌드가 변하면 급속도로 몰락할 수 있다. 한때 외식 업계의 트렌드를 선도해 나갔지만 지금은 초라하게 위축되면서 점포 축소와 사업 철수가 속출하는 패밀리 레스토랑이 이런 냉정한 현실을 잘 보여준다.

그렇다면 스타벅스의 미래는 어떨까? 미국에서 한국으로 진출한 대형 외식 업체 대부분이 무너지고 있는 상황에서, 스타벅스는 현재의 성공을 뛰어넘어 지속적으로 성장하는 기업으로 발전할 수 있을까? 미래를 예측하기에 앞서 이 책에서 소개한 스타벅스의 성공 핵심 요소들을 정리해 보자. 스타벅스커피 코리아는 어떻게 한국 진출 17년 만에 1조 원 매출, 1천 개 매장 오픈, 1만 명 고용 창출이라는 신화를 달성할 수 있었을까? 그 혁신의 요술 지팡이는 무엇이었을까?

첫째, 스타벅스커피 코리아는 기업의 가치 즉, 스타벅스 사명에 충실했다. 하워드 슐츠가 처음 스타벅스를 창립했을 때, 그리고 위기 상황에서 구원투수로 나서서 온워드를 추진했을 때 최우선으로 고민한 스타벅스의 사명을 따랐다. 고객에게 스타벅스 매장을 제3의 공간으로 제공하고, 가장 자유롭고 편안하게 행복한 시간을 보낼 수 있도록 하려는 사명을 지키고 실천하는 전략을 추진했다. 수익만을 좇아 영업이 잘될 것 같은 중심지에 작은 규모의 점포를 내지 않고, 최소 70평 이상의 넓은 매장을 오픈했다. 매장 안에는 고객이 가장 편안하게 기댈 수 있는 가죽 소파를 들여놓고, 널찍한 원목 테이블을 배치해 커피를 마시며 책을 읽을 수 있도록 배려했다. 또한 호텔이나 고급 주택에서 볼 수 있는 고급 조명과 벽화 등으로 인테리어를 꾸미며, 단순히 커피를 파는 장소가 아닌 편안한 휴식 공간으로 만들었다.

둘째, 고객을 우리의 이웃, 우리의 가장 친한 친구로 생각하고 소통하는 전략을 추진했다. 우리는 수많은 고객의 클레임에도 불구하고 진동벨을 도입하지 않았다. 판매자 입장에서, 음료가 준비되었으니 빨리 음료를 받으러 오라는 개념의 호출 서비스는 우리 생각과는 맞지 않았다. 우리는 끊임없이 고민해 '마이 스타벅스 리워드'라는 멤버십 제도와 '콜 마이 네임' 서비스를 도입했고, 고객을 가장 친한 친구처럼 부르는 소통 마케팅을 선보였다.

셋째, IT 혁신이다. 특히 1인 스마트폰 시대에 적합한 모바일 혁신을 추진했다. 고객과의 소통뿐만 아니라 파트너와의 소통까지 모바일로 연결했다. 이제 고객은 더 이상 매장에서 길게 줄을 설 필요가 없다. 매장 밖에서도, 차량 안에서도 주문 가능한 O2O 서비스, 사이렌 오더가 있기 때문이다. '마이 스타벅스 리워드'는 고객이 모바일로 스타벅스를 즐길 수 있는 많은 프로그램을 제공했다. 선결제 시스템을 도입해 편리하게 주문할 수 있고, 잃어버릴 염려 없이 포인트와 e-스티커를 모을 수도 있다. 모바일을 통한 고객과의 소통 채널을 만든 것이다.

파트너의 육성, 업무 소통, 경영관리를 쉽게 할 수 있는 업무용 모바일 앱도 개발해 사용하고 있다. 모든 매장 업무를 디지털 시스템으로 수렴해 디지털 매장 경영의 초석을 마련했다. 또한 게임 방식의 교육, 애니메이션이 가미된 동영상 교육을 모바일 앱으로 구현해 전국에 분산된 파트너를 교육한다. POS 단말기의 최적화, 라벨 프린팅, 모바일 인트라넷은 매장을 표준화했다. 파트너들은 자신의 급여를 집에서 스마트폰으로 확인할 수 있다. 사건 사고, 위생 문제에 즉각 대응할 수 있는 수평적 보고 문화와 사이렌 119, MOST를 활용한 주간 평가 시스템, 매장의 모든 지표를 실시간으로 확인할 수 있는 스토어 365에 이르기까지 모든 업무는 즉각적으로 진행된다. 보고 체계에 시간을 빼앗기는 대신 권한 위임을 통해 바로바로 의사 결정 체계를 움직이는 서비스를 실현했다.

넷째, 글로컬라이제이션 전략을 적극 구사해 한국 문화와 사회 환경에 맞게 한국의 옷을 입힌 매장과 상품을 개발했다. 매장을 오픈할 때마다 그 지역의 역사적·사회적 의미를 담은 벽화, 조형물을 설치해, 매장을 찾은 고객에게 친숙한 느낌을 주는 공간을 조성했다. 또한 미국에서 개발된 음료를 그대로 들여오지 않고 수많은 실험과 레시피 개발을 통해 한국인의 입맛에 맞는 음료로 재개발하는 전략을 고집했다. 더 나아가 한국의 지방 특산물을 이용한 음료를 개발해 한국인의 입맛뿐 아니라 마음까지 사로잡았다. 문경 오미자 피지오는 농산물 신상품 대상을 받는 큰 영예까지 누렸다. 한국적 디자인을 가미한 혁신적인 MD도 쏟아냈다. 임산부 선물로 각광받은 청양 머그 시리즈, 봉산탈춤을 새겨 넣은 머그까지, 새로운 MD가 출시될 때마다 이른 아침 스타벅스 매장에는 MD를 구매하려는 고객이 줄을 서는 진풍경이 벌어졌다.

다섯째, PRPublic Relationship, 공중 관계 전략이다. 스타벅스커피 코리아는 늘 우리의 이웃과 함께하자는 사명을 실천했다. 커피 찌꺼기를 전 매장에서 수거해 퇴비로 재생산하는 리사이클 시스템을 선보였고, 우유 파동이 벌어졌을 때에는 낙농 업계를 돕기 위해 '우유 사랑라테' 마케팅으로 우유 소비를 촉진했다. 이 프로모션은 전 업계로 확산되어 낙농 업계가 큰 위기를 넘기기도 했다. '작은 원두의 위대한 힘을 믿습니다'를 슬로건으로 하는 커뮤니티 스토어를 오픈해 어려운 환경의 젊은 인재들을 육성하는 일에도 동참했다. 매장을 오픈할 때마다 지역사회에 수익금을 기부하고, 1만 명의 파트너가 전국 곳곳에서 재능 기부와 사회봉사 활동을 꾸준히 전개하면서, 한국인의 마음속에 진정한 사회 기업으로 자리 잡을 수 있었다.

여섯째, 정부 정책에 적극 동참했다. 청년 실업 문제 해소와 지방 인력 고용 창출을 위해 ASM-T 대졸 공채 제도를 도입했고, 장애인 고용에 앞장서 서비스업 최초로 매장에서 근무하는 장애인 바리스타, 장애인 최초 부점장을 탄생시켰다. 이런 작은 움직임이 확산되어 서비스업 어느 곳에 가더라도 장애인이 근무하는 모습을 볼 수 있게 하는 사회적 역할을 수행했다. 또한 육아와 양육으로 경력이 단절된 여성 인력의 재고용 프로그램인 리턴맘 제도를 도입해 확산시키기도 했다.

일곱째, 고객 존중 프로그램의 시행이다. 고객의 요구에 기계적으로 Yes만을 외치는 것이 아니라 고객을 논리적으로 설득할 수 있는 '저스트 세이 예스', 고객의 소리에 귀 기울이는 'CV' 같은 캠페인으로 고객에게 최고의 서비스를 제공했고, 고객의 호응을 불러일으켰다.

여덟째, 인사 시스템의 혁신이다. 서비스업 특성상 인력의 순환이 빨라 일관된 서비스를 제공하기 어렵고, 제조업 대비 3~4배 높은 인건비로 매장 효율을 얻기 쉽지 않은 구조임에도 불구하고, 매장 인력 표준 모델을 구축하고 인사관리 업무를 시스템화해 인적 자원의 안정성을 높이고 파트너의 숙련도를 강화했다. 이는 고객에게 최고의 서비스를 제공할 수 있는 기틀이 되었다.

마지막으로 가장 중요한 성공 요인은 바로 파트너다. 스타벅스의 성공 신화를 만든 주인공은 1만 명의 파트너였다. 비록 세간에서 흔히 들이대는 핵심 인재의 잣대에는 맞지 않을지 모르지만, 스타벅스에 대한 사랑과 열정으로 커피 하나만을 생각하며 묵묵하게 전국에서 일하고 있는 파트너들이야말로 스타벅스 성공의 진정한 주역이다. 만약 당신의 작은 기업이 시간이 지나 성장을 거듭하면서 제2의 스타벅스로 성장하기를 원한다면, 그래서 변변치 않은 나에게 가장 중요한 것이 무엇인지 하나만 알려달라고 조언을 구한다면 이 말을 꼭 하고 싶다. 그 무엇보다도 함께 하는 직원, 파트너의 소중함을 항상 가슴에 새겨야만 한다.

2016년이 끝나갈 무렵, 지원 센터에서 결산 전략 회의가 있었다. 스타벅스커피 코리아의 모든 회의는 오픈 포럼 방식으로 진행된다. 궁금한 점이 있으면 누구나 중앙 통로에 세워놓은 마이크로 다가가서 말을 하면 된다. 질문을 하기 위해 마이크에 다가서는 한 DM이 있었다. 그는 무대 위에 앉아 있는 대표이사와 리더들에게 질문했다.

"미션 2,000은 언제 시작하나요?"

순간 침묵이 흐르더니, 곧 모든 파트너가 박장대소했다.

'5년 동안 고생 고생해서 이제 막 미션 1,000을 달성했는데 미션 2,000이라니……'

너무 겁 없고 당돌한 것 아닌가 싶기도 하지만, 그만큼 스타벅스 커피 코리아의 일은 즐겁고 신이 났다.

모두 방방 뛰는 조직! 누구나 하고 싶은 이야기를 할 수 있는 조직! 직급보다는 닉네임이 더 편한 조직! 고객과 함께 일 그 자체를 즐기며 일할 수 있는 조직!

이러한 조직 문화가 계속해서 스타벅스와 함께한다면 스타벅스의 미래는 앞으로도 밝게 빛나는 탄탄대로일 것이다.

"안녕하십니까? 스타벅스입니다. 고객님, 주문 도와드릴까요?"

미소를 가득 품은 파트너의 목소리, 스타벅스커피 코리아의 밝은 미래는 그곳에 있다.

스타벅스, 공간을 팝니다

1판 1쇄 발행 | 2017년 5월 29일
1판 11쇄 발행 | 2022년 1월 6일

지은이 | 주홍식
발행인 | 양원석
편집장 | 김건희
디자인 | 디박스
영업마케팅 | 조아라, 신예은, 이지원

펴낸 곳 | (주)알에이치코리아
주소 | 서울시 금천구 가산디지털2로 53, 20층 (가산동, 한라시그마밸리)
편집 문의 | 02-6443-8902 **구입 문의** | 02-6443-8838
홈페이지 | http://rhk.co.kr
등록 | 2004년 1월 15일 제2-3726호

ⓒ 주홍식, 2017
Printed in Seoul, Korea

ISBN 978-89-255-6177-6 (03320)